超譯韓非子

黑你是為了幫你

永井義男——著
邱心柔——譯

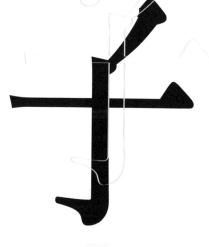

序

「韓非子」這個詞有兩個意思：

①人名。對韓非的尊稱（？〜西元前二三三年）。韓非子的「子」是先生的意思，跟孔子、孟子、孫子的子是一樣的用法*。

②韓非的著作名稱。共二十卷五十五篇。

因為有這兩種意思，為了做出區別，一般稱呼人名是用韓非，提到其著作時則是用《韓非子》。本書亦以韓非來指人，用《韓非子》來指書。

在這個社會上，有時候一些話聽起來很有道理，但又會覺得好像哪裡怪怪的，無法讓自己信服，或是心裡會感到很不是滋味。

忍不住想反駁：

「講這些陳腔濫調、漂亮話，對事情一點幫助也沒有！」

但是，社會上又確實有一種氣氛，讓人很難站出來發表反對言論。

要是直接提出異議跟反對意見，立刻就會遭到大家圍剿，這點是無庸置疑的。例如以下的例子：

當兒少成為殺人事件的受害人或加害人時，教育者一定會用沉痛的表情說：

「我希望能教導孩子了解生命的可貴。」

各界的著名人士會鼓勵兒童和青少年說：

「要有自己的夢想！只要一直努力、不放棄，總有一天夢想就會實現。」

對於世界各地的對立及紛爭，文化界人士會這麼說：

「不該使用武力，應該要用溝通來解決事情。」

還有許多音樂人會說：

「愛能改變世界。」

看到電視裡的記者會，應該有不少人會在心裡反駁、嘲弄這些言論吧？

前面也提過，像這種看似合理、無關痛癢的想法和主張，讓人很難公開去反駁。不過，很久以前有一個人就曾經正面回擊，他就是大約在兩千兩百年前出生在中國的韓非。

在他的著作《韓非子》中，生動且深刻地記述了人類的本性。

日本歷史課本的世界史裡寫到，韓非是主張施行嚴刑厲法的法家代表人物，提倡性惡說。中國傳統社會以儒家為正統，韓非之說形同異端（關於韓非及其著作《韓非子》，將一併彙總於後記）。

既是法家，又提倡性惡，大致說來，當時以儒家為主的情況下，他確實是個異端。韓非的一貫主張就是，人類都是利己的。

然而，正因為人類都是利己的，所以韓非以這點為基礎，進一步去思考要怎麼做才能讓社會變得更好，並提出了他的方法。如果認為人類是利他的，或是依據性善說來思考，終究只會是一些漂亮話及空話而已。

因此我們可以說，韓非的想法是：

「人類在根本上都是利己主義者，了解到這一點，進一步再思考要建立什麼樣的社會規範，以及違反規範時的處罰方法。這麼做，才能打造出一個適合人們居住且富足的社會。」

韓非用冰冷的眼光來觀察人。他的智慧有時顯得毒辣，手段也陰險，但因此才更實際。

正因為現代社會籠罩在「無法公開發表反對言論的氣氛」下，我們才更要來重讀《韓非子》、重新審視韓非的思想。

相信現代人一定可以從《韓非子》中得到很大的收穫。

《韓非子》約成書於兩千年前，篇幅浩大，就算其說能適用於現代，這兩千年的隔閡還是很大。特別是中國古代的國名、官名、人名，要是逐一解說，將會變得很繁瑣。

因此，本書中不採用逐字的白話翻譯，而是將之改寫為簡單易懂的現代白話文，也就是所謂的「超譯」。這麼一來，我們將能夠以毫無隔閡的現代感直接接觸到韓非的想法。

書中的標題排列不是按照原著的順序，而是以章節重新安排。不過，為了方便讀者參閱原著，於文末附上原文與出處。

＊譯注：在日本，「韓非子」也用來指韓非這個人，但其實「韓非子」的正確用法，是專指韓非的著作。

第1章

法　位居高位所需要的領導者思維

第2章

術　管理所需要的嚴格規範

第3章 勢 無法改變的人類本性

第4章 道話 這是真心話，不是場面話

第5章 從想要成功，就要有這樣的智慧

第 1 章

法

位居高位所需要的
領導者思維

太相信別人，遲早會遭人暗算

相信別人並不難，甚至很容易。「相信別人」聽起來是件很美好的事。

但是，我們是否把「相信」當成是「偷懶」了呢？

相信、徹底放心，可能就會因此而讓自己陷入危機。有許多案例都是人們被自己信任的人侵占巨款、洩漏情報等等。

這種時候，遭到背叛的那方常會說：

「虧我那麼信任你……」

信任別人沒什麼不好，但是如果自己沒有去檢查、完全任憑他人處理，這樣就不好了。「虧我那麼信任你」，只是在為自己的懶惰找藉口。

就算相信一個人，也不能就因此放心。不能因此偷閒、任由對方處理。

不相信他人，絕非惡事。

信人則制於人。——〈備內〉第十七

只有溫柔體貼是無法得到他人信賴的

這個世界上有一些人，你對他們溫柔體貼，他們反而會爬到你頭上去。只有溫柔體貼是無法得到他人信賴的。

狗會服從老虎是因為害怕老虎的爪牙。一旦老虎失去了爪牙，連狗也會輕視牠。

清楚訂定規則與處罰方式，一旦有人違反，就要毫不猶豫地執行。有人違反規定時，能夠公正且斷然地施罰，才能得到人們的信服與信賴。

夫虎之所以能服狗者，爪牙也。——〈二柄〉第七

這五點被蒙蔽就會喪失實權

人主有五壅。

壅，是蒙蔽、遮蔽的意思。人主即君主，但也可以想作是一個組織的負責人，同時也適用於家庭裡的情況。

這五點為：

一、資訊被阻斷。

二、經濟被剝奪。

三、由他人發號施令。

四、由他人訂定規則。

五、在不知不覺間出現小團體。

要是出現這樣的情況，人主將會在不知不覺間失去實權，等到發現都已經太遲了。

人主有五壅。——〈主道〉第五

適當讚美與斥責

有些人只會斥責人，很少誇獎人。相反的，有些人很會誇獎別人，但是到了關鍵時刻卻不會責罵人。明君駕馭臣子，用的只有兩種權柄。這兩種權柄就是刑與德。刑，是處罰有罪之人；德，是獎賞有功之人。也就是說，只需要適當地讚美與斥責就可以了。

管理說穿了，只要使用這兩種權柄即可。

二柄者，刑、德也。——〈二柄〉第七

害怕扮黑臉的下場

有些人會清初區分白臉與黑臉的職責，把扮黑臉的工作交給他人。

在組織和團體中就不用說了，就算在家裡也是自己專扮白臉，避免受人討厭。

但是，這會造成什麼樣的結果呢？

宋國有一位名叫子罕的臣子，他向君主提議道：

「獎賞是人民所喜愛的，由您自己來；刑罰是人民所厭惡的，就由我來負責吧。」

宋國國君因為不想由自己來下達死刑等命令，就欣然接受了子罕的提議。

然而最後，人們卻變成是服從子罕，君主則失去了權力。

所以，不要躲避扮黑臉這件差事。

宋君失刑而子罕用之，故宋君見劫。——〈二柄〉第七

要能接受建言

齊國曾經非常強大卻在轉瞬間變弱，那全都是因為君主齊桓公沒有接受名臣管仲的建言。

在企業經營或個人的人生中，有時可能會遭遇重大的失敗，這都是因為沒有聽進勸告所致。冷靜回顧過去，就會發現在人生的各種交叉路口，都曾有人給過自己建言。

由於自信、逞強而聽不進難能可貴的勸告，結果導致失敗，這樣的例子實在不少。

不用管仲之過也。——〈十過〉第十

專家與實際處理業務的對立關係

「智法之士」與「當塗之人」不可兩存。

套用到現代的情況中，智法之士大概相當於專家或學者，當塗之人則是民意代表或官僚。

例如，學界的學者組成了顧問委員會，為因應未來的局勢提出劃時代的改革政策，而這政策也受到了許多國民的贊同。

然而，一旦到了實行的階段，就會受到政府民意代表及官僚的阻撓，使這項政策形同一副空殼，這種情況還蠻多的。

這是因為，只要進行改革，一些在原本舊制度下過得舒服的人們，就會失去既有的利益，因此，他們會巧妙地讓舊制度延續下去。

其實，智法之士與當塗之人，彼此的利害關係本來就是相悖的。

惟有具備優秀的領導能力，才能夠調合兩者，做出最終的行動。

是智法之士與當塗之人，不可兩存之仇也。——〈孤憤〉第十一

黑箱才能成功

發表一項新計畫時，相關人士常常會發出抗議的聲音：

「之前完全都沒有跟我們討論過。這計畫出現得這麼突然，我們沒辦法接受。」

但是，就因為是少數人在暗地裡進行，新計畫才得以誕生。

並不是所有資訊都應該要公開透明。

計畫要在暗地裡進行才能成功，如果洩漏出去，就會失敗。

事以密成，語以泄敗。——〈說難〉第十二

運用老人的智慧

齊國君主齊桓公率軍遠征時在雪地裡迷了路。名臣管仲說：「就運用老馬的智慧吧。」而放開了老馬的牽繩。老馬還認得故鄉，於是軍隊一路跟著老馬走，最後順利回到了齊國。

一般來說，老人的思想很老舊，但是其中也有不少智慧，可以活用於現代。畢竟變化的終歸只是表面，人類的本質卻始終沒有改變。

所以我們應該要多加運用老人的智慧。

老馬之智可用也。——〈說林上〉第二十二

得人才而昌隆；得人才而滅亡

曾經有個國家，君主得了精明能幹的臣子並加以信任，從此國運昌隆。還有一個國家，君主得了精明能幹的臣子並一味地信任，結果導致國家滅亡。

有些公司從外界挖了一些優秀的人才過來，進行公司的內部改革，成功地重振了公司；而有些企業把優秀的人才挖角過來，將重振公司的重責大任託付給他，卻反而引發混亂，最後落入破產的下場。

可見，有優秀的人才未必就能成功。

往世之主，有得人而身安國存者，有得人而身危國亡者。——〈說疑〉第四十四

合理化是個好藉口

齊國國君齊桓公因為一己之怒而打算攻打蔡國。

臣子紛紛進諫，但齊桓公都聽不進去。

這時，一名臣子勸道：

「如果您無論如何一定要攻打蔡國，或許可以考慮以下的做法。一直以來，楚國都對天子十分無禮，此事惡名遠播。您就譴責楚國對天子無禮，用這個名義派兵攻打楚國。待雙方議和，班師回朝時，以蔡國沒有派援軍來攻打楚國為藉口，再去攻打蔡國。這樣一來，既能說是為天子效力，有個合理的說法，又能得到實際的利益，痛擊您憎恨的蔡國。」

如果用強硬的手段來謀取自身利益，就算成功了，也會產生負面的評價。

這種時候，就需要找個看似正當的藉口，將行事合理化。只要自己的行事用道理可以說得通，就算得到了好處，也不會信用掃地。

義於名而利於實。——〈外儲說左上〉第三十二

相信自己身體的感覺

有個男人想要買鞋子。他量了自己的腳，把尺寸寫下來。

可是，當他到了鞋店，才發現寫下的尺寸放在家裡，忘了帶出來，結果他就不買鞋，直接回家了。

別人對他說：

「用自己的腳比比看不就好了嗎？」

男人卻回答說：

「寫下來的那個尺寸比我自己的身體還要可信。」

像這樣過度相信數據和機器的情形實在不少。有時候，我們會以事前得到的資訊為主，卻以自己的感覺為輔。

其實，憑藉自己的感覺和身體所記得的東西才是更正確，速度也更快的。

所以，請多相信自己身體的感覺吧。

寧信度，無自信也。──〈外儲說左上〉第三十二

有徵兆則鏟除，以絕後患

放眼歷史，有許多臣子殺君主、子女殺父母的例子，但這些事都不是突然之間發生的。

全都是長時間累積了許多怨恨與誤解才導致的結果。所以我們必須要在初期就發現徵兆，並且在發現徵兆後，盡快採取對策。

若放著不管，事情只會一直惡化下去。

善持勢者蚤絕其姦萌。——〈外儲說右上〉第三十四

不要顯露自己的好惡

一個握有決定權或權力的人，不能將自己的好惡顯露出來。如果顯露出自己的好惡，就會出現許多迎合的人。

當一個組織裡，握有實權的人喜歡某樣東西且廣為人知，將會有許多屬下喜歡那樣東西。其實，這是他們為了迎合有權力者才這麼做的。

相反的，要是握有實權的人表明自己討厭某樣東西，那麼，屬下就再也不會提到那樣東西了。

是以好惡見則下有因。——〈外儲說右上〉第三十四

人才在第一線

在英明的君主統治之下，宰相會出自地方官吏，將軍會是士兵出身。

因為，用人看的不是家世或學歷，而是以實力至上。

第一線是蘊藏人才的寶庫。

長官如果有看人的眼光，就會在第一線找到人才並加以提拔，同時，

此舉還會振奮第一線人員的士氣。

故明主之吏，宰相必起於州部，猛將必發於卒伍。——〈顯學〉第五十

單打獨鬥是成不了事的

在這世界上，有三件事是可以確定的。

其一，就算頭腦聰明，也未必能有好功績。

其二，就算力氣很大，也未必能舉起所有東西。

其三，強者不一定都會贏。

一個人的能力是有極限的，要成功完成一件事，就必須要有許多人共同合作才行。

天下有信數三。——〈觀行〉第二十四

站遠一點，俯瞰大局

一旦發生問題，有些領導者會站到前方親自上陣指揮，但這樣做其實並不好。

領導者應該要站遠一點，靜觀整體的動向。

接著記下每個人說過的話，仔細觀察他們之後的行動，再做出評價。

保持一段距離、客觀地俯瞰大局，就能看清每個人的言行是否一致。

人主之道，靜退以為寶。——〈主道〉第五

工作由下面的人做，功勞由上面的人拿

下面的人辛苦工作，成功時功勞是屬於上面的。這才是居上位者明智的做法。

乍看之下，這似乎很不合理。

然而，要讓事情成功，就要看清楚每個人的能力，並做出適當的布署。如果說成功是源自於這分管理能力，那麼，功勞歸領導者所有也是理所當然的了。

臣有其勞，君有其成功，此之謂賢主之經也。──〈主道〉第五

要成功，得具備天、心、技、勢

所謂的明君，之所以能成事，不單單只是因為本身優秀，而是因為集齊了以下四點：

一是天時。也就是運氣好，生在恰當的時代。
二是人心。也就是具有個人魅力，能深得人心。
三是技能。也就是擁有出色的技術、構想或能力。
四是勢位。也就是順勢而行，行事要順著社會的動向。

一曰天時，二曰人心，三曰技能，四曰勢位。——〈功名〉第二十八

優秀的領導者是讓人們發揮各人的智慧

儘可能發揮自己的能力，是低階領導者的行為。因為一個人的能力，畢竟是有限的。

不事必躬親，而是讓人們各自發揮己力的領導者，雖然知道要引導出人們的力量，但這麼做依舊只是中階領導者。

若是高階領導者，則會讓人們發揮各人的智慧。這邊所說的智慧，也可以說是構想或點子。

下君盡己之能，中君盡人之力，上君盡人之智。——〈八經〉第四十八

有錢更要會用錢

就算是大富豪，如果有錢卻不運用，過的生活也跟替他守門的貧窮守衛沒兩樣。

富有的人應該要多運用一點錢，這樣一來，金錢就會流通，經濟也會更加活絡。

如果只是一味存錢，過的生活就會跟窮人沒兩樣，而且，也會讓社會變得愈來愈窮。

萬金之家、必不用其富厚而與監門同資。——〈八說〉第四十七

不要為了追求眼前的利益而失去未來

當眼前出現了賺錢的方法，相信不管是誰都會想要撲上前去。

但是，我們必須要仔細思考，這個方法未來是否能帶給自己好處？是否會因一時得到好處，卻失去了個人的信用？

重要的是，面對那些輕鬆賺錢的方法，我們要有不為所動的謹慎與自制。

顧小利則大利之殘也。——〈十過〉第十

雙贏的矛盾

楚國有位商人販售盾與矛。

他誇耀自己的盾說：

「再銳利的矛，都無法刺穿這面盾牌。」

接著再誇耀他的矛說：

「再怎樣堅固的盾牌，這支矛都可以刺穿。」

有人問他：

「如果用你的矛刺你的盾，會怎麼樣？」

商人說不出話來，不知道要怎麼回答。

「矛盾」這個詞就是來自這個有名的故事，不過，這個故事的含意相當深遠。在現在這個時代，依然充斥著許多矛盾的事情。

例如提出對雙方都有利的政見等，真可謂是典型的矛盾。

夫不可陷之楯與無不陷之矛，不可同世而立。——〈難一〉第三十六

忠言逆耳

對一國之君而言，臣子的諫言實在很不中聽，不僅聽了心裡會不愉快，還會生氣。

但是，若能接受恰當的諫言並加以實行，就能讓國家未來有良好的發展。

就個人而言也是一樣。當有人給自己逆耳忠言，不論是誰都會感到不高興，甚至一定會很想反彈。

不過，如果能抑制這分不滿的情緒，仔細聆聽並加以改正，就能造就日後的成功。

故小逆在心而久福在國。——〈安危〉第二十五

真正的珍寶

宋國有人發現了一塊寶玉，於是將寶玉獻給大臣子罕，但子罕並未接受。

「這是一塊寶玉，適合您這樣有身分地位的人，而不該是我這種平民所持有。」

「你認為玉是珍寶，我認為不拿你的玉才是珍寶。」

子罕的思考方式也適用於處理賄賂的時候。

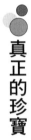

拒絕賄賂是一件值得自豪的事。

爾以玉為寶，我以不受子玉為寶。——〈喻老〉第二十二

權責區分要清楚

古時，若一個人有妻妾，必須讓妾清楚明白自己的身分，如果讓妾坐大，就會動搖繼承人的地位。

現代社會比較難想像有妻妾的情況，但本質上還是一樣的。

舉例來說，大概就像以下的情況：總經理不理會公司內部的意見，反而重視外聘顧問或自己家族的意見。這種情形如果一直持續下去，公司組織很快就會產生裂痕。

主妾無等，必危嫡子。——愛臣第四

資金運用權不可外放

一國之君如果不能自由使用他的財富，將會被奸臣排斥在外。

當一個組織或團體的領袖無法自由取用金錢時，他被驅逐排斥的日子就近了。

家庭裡也一樣，自己賺的錢，自己應該要能自由運用。當然，如果有其他家人，就不該只顧自己，但是，如果用錢受到限制，在家裡就沒什麼地位可言了。

故曰：人主不能用其富，則終於外也。——〈愛臣〉第四

信賞必罰，摧毀派系

君主若想要統治國家，首要之事，就是要摧毀臣子之間的派系。

派系的種類有外戚、學派、同鄉等等，這些種類還可以再彼此混合，十分複雜。以現代來說，像是兩家公司合併後，會以原本所屬的公司分成兩個派系，這樣會造成不好的影響。

除掉派系的方法，就是確實做到信賞必罰。這麼一來，就不會出現同派系有利職位升遷、同派系互相包庇的情形了。

欲為其國，必伐其聚。——〈揚權〉第八

你注意別人，別忘了也有人在注意你

君主用兩隻眼睛看著整個國家，相對地，國家的人民也用數萬雙眼睛看著君主。

居高位者不要忘記下面的人總在看著自己。尤其要小心的是，可能有些人我們不認識，但對方卻認得我們，會在某處仔細觀察我們。

今人主以二目視一國，一國以萬目視人主。——〈外儲說右上〉第三十四

不要輕易聽信派系

君主不該詢問臣子對於其他臣子的意見。若是這樣做，臣子就會替自己人說好話，幫助自己人升遷，派系的問題就會更加嚴重。

相反的，要是被問到的臣子與對方是屬於敵對的派系，就會淨說些貶低的話，藉此削弱其他派系的勢力。

如果替自己人說好話和互相陷害的情形很普遍，君主將無法清楚判斷是非。

則相愛者比周而相譽，相憎者朋黨而相非。——〈南面〉第十八

不要讓人身兼多職

不管一名臣子再怎麼能幹，也不要讓他兼任許多職務、給他多種權限，這麼做才是一位英明的君主。

一名臣子若兼任許多職務、手裡握有許多權限，所有事情要傳達到君主之前，都必須先經過那名臣子。

這麼一來，如果發生嚴重的事，君主可能都不知道。

明主之道：一人不兼官，一官不兼事。——〈難一〉第三十六

防止營私舞弊

衛國有個人在嫁女兒時這麼教她：

「在夫家要努力存私房錢！畢竟誰都不知道妳哪天會被趕出來。」

過了一陣子，這位媳婦由於和婆婆不睦而被送回娘家。當時她帶回娘家的財產，甚至比她的嫁妝要多上一倍。

現代社會中也有許多這樣的例子。要小心，不要被那些總有一天終將回到老巢去的人，奪走有形或無形的財產。

必私積聚。——〈說林上〉第二十二

不要容許特立獨行

有一次，晉國國君在一場宴席上失言，在場的一名臣子踰越職權，直接對他提出諫言。

然而，國君不僅沒有處罰臣子僭越的行為，甚至還誇獎他的行為很有勇氣，展現出自己的度量。

乍看之下這似乎是一則佳話。

但是，臣子的行為並不符合應有的程序，成為所謂的特例。

要是容許這類特例行為，組織就會失去秩序。

在現代社會，部分媒體譁眾取寵的言行導致社會產生混亂，就是一個例子。

使姦臣襲極諫而飾弒君之道。——〈難一〉第三十六

出其不意，肅正綱紀

衛國的君主衛嗣公差人假扮旅客通過關口。

管轄關口的官差一直找假旅害麻煩，審查得很嚴格，可是當假旅客拿了錢賄賂官差，官差立刻就放行了。

事後，衛嗣公召見這名官差，對他說：

「有一次旅客通過你那邊的時候，你拿了對方的錢，該審查的東西你沒審查就讓他過了吧？」

官差非常訝異衛嗣公竟然知道這件事，對此十分驚恐。

這手段確實陰險，但卻能有效肅正組織的綱紀。

從此以後，關口的官差就再也不敢收受賄賂了。

關市乃大恐，而以嗣公為明察。——〈內儲說上〉第三十

不要顯露深信繼位者的樣子

君主一旦在眾人面前表現出一副信賴皇子的態度，就會有許多投機取巧的臣子，盤算著要趁現在去巴結下任君王，圖一己之私。

這樣的情況也完全適用於家族企業中的老闆與兒子。如果大家知道老闆很信任他的兒子，就能確定兒子將會是下任老闆。

如此，公司內外將會有許多人接近這位少東，以謀取自己的利益。

為人主而大信其子，則姦臣得乘於子以成其私。——〈備內〉第十七

嗜好是災禍之源

君主要是對庭園、建築設計太過講究，花費就會多到無法控制，如此看來，嗜好會引來災禍。

當然，嗜好與消遣並不是什麼壞事。

但是，如果握有實權的人醉心於某項嗜好，許多人知道了以後，就會宣稱自己也有這項嗜好，藉以巴結。而握有實權的人身邊若聚滿了這些巴結者，總有一天，傳入耳中的將只會有偏頗的資訊。

人主樂美宮室臺池，好飾子女狗馬以娛其心，此人主之殃也。——〈八姦〉第九

審查言行是否一致

君主如果想要知道一名臣子的能力和工作情形，就將這名臣子說過的話與實際作為做個比對。這稱為「刑名審合」。刑就是樣貌、工作；名是言詞；審合則是審查這兩者是否一致。

進行刑名審合，即能分辨出哪些是只會耍嘴皮的臣子，哪些是懷有私心的臣子。

人主將欲禁姦，則審合刑名者。——〈二柄〉第七

不要插手，讓專業的來

魏昭王想要試試親自審案。他召見宰相孟嘗君對他說：

「我想做做看審案的工作。」

孟嘗君答道：

「那就請您先學習法律。」

於是，魏昭王開始讀書，但是沒多久就想睡覺了，他只好說：

「我實在做不到。」

魏昭王忘記自己該做的事，反而想去碰臣子的工作，如果真的讓他這麼做，只會讓情況變得很混亂。

因此，孟嘗君成功地阻止了魏昭王多管閒事。

夫不躬親其勢柄，而欲為人臣所宜為者也。——〈外儲說左上〉第三十二

眼中不能只有利益

如果太貪心而一味追求利益，國家早晚有一天會滅亡，自己也會跟著墮落。

有不少經營者，抱著只要有賺頭就什麼都肯做的心態，去鑽營自己不熟悉的領域、有違法之虞的事情，結果導致公司破產，自己也淪落到跑路的下場。

我們眼中不能只有利益，對社會有所貢獻也是很重要的。

貪愎喜利則滅國殺身之本也。——〈十過〉第十

要借助他人的力量，必須有自知之明

秦國攻打韓國時，韓王採納臣子的進言，決定向秦國求和。

楚國預見秦國與韓國同盟將會對自己不利，於是就告訴韓國說要派援軍去支援韓國。韓王聽後便放棄向秦國求和。

有臣子勸諫韓王說：

「秦國的軍隊已經兵臨城下，但楚國卻只是口頭答應要派援軍來，絕對不可以相信楚國而輕侮秦國。」

但是韓王還是取消向秦求和，一直等待楚軍的到來，結果楚軍根本就沒來。韓國因而大敗，失去了部分國土。

若是像這樣不自量力，只會指望外力，國力就會削弱。

所以，輕易接受外界的幫助或合作是很危險的。

內不量力，外恃諸侯，則削國之患也。——〈十過〉第十

如何打破歪理與空談

宋國有個善辯的人，以「白馬非馬」的詭辯，讓著名學者也為之屈服。有一天，這個善辯的人騎著馬通過關口，看守的官差向他徵收通行稅。官差並非特別有學問的人，完全沒有興趣去討論一些抽象的東西，單純按照規定來索取費用。

就算詭辯可以讓國內的學者屈服，也沒辦法拗贏關口的官差。遇到現實狀況，空談是完全行不通的。

考實按形不能謾於一人。——〈外儲說左上〉第三十二

主管與員工必須通力合作

齊桓公與晉文公是公認的明君。

不過，齊桓公跟晉文公之所以能夠名留青史，也是仰賴了臣子管仲與舅犯的輔佐，以及許多不知名臣子的付出。

這都是君臣共同努力的結果。把君臣關係套用在現代，就像是上司與下屬的關係。

每當團體出現一些偌大的成就而引發大家熱烈的討論，此時眾人往往會將焦點放在某些特定人士身上，當然，特定人士無疑具有傑出的能力，但是也絕不能忘記，他們背後還有許多人的付出。

必君臣俱有力焉。——〈難二〉第三十七

不要走在流行的尖端

一般我們說「走在流行的尖端」是讚美的意思，當這麼說一個人或一個團體的時候，個人或團體都會感到十分得意。

但是，世界的潮流總是千變萬化，有不少人就是因為認為自己走在流行尖端而洋洋得意，反而演變成滑稽或難看的下場。

我們不該僅僅因為一件事是流行的尖端，就輕率地仿效，應該要抱持慎重的態度，看清楚趨勢。

不敢為天下先。——〈解老〉第二十

拿捏你的欲望

罪莫大於可欲——貪欲是最大的罪。

這句本來是《老子》裡的話，韓非引用後並加以解釋。

大概是叫人不要有欲望的意思嗎？不，這句話不只是在勸人要無欲而已。

例如，生意極好的店鋪接二連三地拓展店面，結果擴展太速而慘遭失敗，這樣的例子很多。

欲望是成長的原動力，但是，必須要注意拿捏得當。做人不可以太過貪心。

罪莫大於可欲。——〈解老〉第二十

走自己獨特的路線

戰國末期，秦國強大，各國的外交政策重點都放在對付秦國，這就是所謂的合縱連橫。

連橫是與秦結盟。

合縱則是弱小的各國結盟，合力對抗秦國。

不過，韓非認為，若是連橫，會有人仗著秦國的威勢，在本國狐假虎威；若是合縱，會有人仗著本國的勢力，向他國收取賄賂。所以他既不主張合縱，也不主張連橫，他主張走自己獨有的路線。

而歷史告訴我們，後來，合縱與連橫接連失敗，所有國家都被秦國滅掉了。

第四十九

是故事強則以外權士官於內，救小則以內重求利於外。——〈五蠹〉

第 2 章

術

管理所需要的嚴格規範

行事要名正言順

名正言順也就是行事合乎道理的意思。規規矩矩、正當地行事，事情就會進展得很順利；而行事如果缺乏合理性，根基就會不穩。

按理行事，也可以說是一種理念或哲學。

獲利至上的企業跟有企業理念或經營哲學的企業在處於逆境時，之間的差異就會顯現出來。

前者瞬間就會毀滅，相對的，後者則會存活下來。個人也是一樣。一個人如果擁有信念，就算遇到困境也不會灰心喪氣。

名正物定，名倚物徙。——〈揚權〉第八

目標和業績要取得平衡

公開了自己的目標，要是達不到這個目標，會得到大家不好的評價，這是理所當然的。

相反的，業績要是大幅超越目標，應該要得到很高的評價，乍看之下，這可以說是努力的成果。

但是，如果只用目標跟業績的差異來做判斷，有些人會一開始就巧妙地將目標設定比較低，在這種情況下，就算業績超越目標，也不該給予高度評價。

目標和業績取得平衡，才是理想的狀況。

群臣其言小而功大者亦罰。——〈二柄〉第七

增加收入，減少支出

要改善財務赤字，唯有開源節流，增加收入，並同時減少支出。大至國家或企業的財政，小至百姓家庭的收支，在根本上都是一樣的。這個道理再簡單不過，但實際做起來卻困難重重，尤其當利害關係者愈多，減少支出就愈是困難。

這是因為，一旦減少支出，就必定會有人失去既有的利益。家庭的開銷也一樣，要減少支出，就代表必須縮減其他部分。

計其入多，其出少者。——〈南面〉第十八

賞罰要確實執行

戰場上的士兵之所以會一擊而潰，是因為領導者沒有做到信賞必罰所造成的。

對於有功績的人，要按照規定發放獎勵；對於違反軍規的人，則要按規定嚴格施罰，要是能做到這樣，立刻就能提升軍隊的士氣。

如果只是嘴上說說，馬上就會被人看穿，士氣立刻會陷入低迷。

事前講好的賞罰方式，一定要徹底實行。

賞罰不信，故士民不死也。——〈初見秦〉第一

執行處罰不能留情

即使有處罰的規定，但是執行者在執行時往往會有所猶豫。

例如，當違反規定的人已經有所反省，我們就會期待他能振作起來，甚至可能還會期待免受處罰的人會因此感謝自己，而不執行處罰。

但是，若沒有徹底執行處罰，組織或團體的紀律就會變得渙散，很有可能從此留下禍根。

所以處罰應該要斷然堅決地執行。

故不赦死，不宥刑。——〈愛臣〉第四

實務運作與實權要劃分清楚

執掌大權的當塗者往往能受到君主信賴、厚待。以現代的情況來說，當塗者就相當於熟知實務運作的官僚，而君主則是政治人物。

由於當塗者掌握了實務的運作，所以要是沒有當塗者，君主就沒辦法獲取資訊，也無法傳達自己的旨意。

所以君主要拉攏當塗者，避免與之為敵。

因為結果會怎麼樣，往往要看當塗者的意思。所以實務運作與實權必須分開。

凡當塗者之於人主也，希不信愛也。——〈孤憤〉第十一

說服就是要動之以情

向別人表達自己想法的困難之處，就在於如何打動對方的心。即使再怎麼強調自己的想法有多麼合理，對方反駁的內容多麼不合理，也無法因此而說服對方。

即使明白邏輯是正確的，但只要情緒上有所抗拒，就無法接受。無論道理正確與否，說服的要件，更重要的是要能動之以情。

凡說之難，在知所說之心，可以吾說當之。——〈說難〉第十二

想奪取就要先給予

這是一個策略，先援助對方，消除對方的緊張感，最後再徹底進行奪取。

給，最終是為了搶。

這個策略也可以用在男女戀愛上。

反過來說，別人非常親切地主動幫忙時，我們也必須要小心。

將欲取之，必姑予之。——〈說林上〉第二十二

實行嚴懲，大家就會守規矩

人人都討厭嚴懲，但是，只有實行嚴懲，國家才會安定。

為了讓大家遵守規範，就要訂定罰則，但這時一定會有許多反對聲浪。

「用處罰來規範的做法錯誤，應該要進行溝通，互相了解。」

然而，不管再怎麼呼籲，有些人還是不會守規矩，正因如此，才要設立罰則來處罰。

夫嚴刑重罰者，民之所惡也，而國之所以治也。——〈姦劫弒臣〉第十四

救援的切入時機

晉國要攻打邢國，邢國陷入了危機。

齊國君主齊桓公打算派援軍到邢國去，但是臣子郤上諫道：

「現在還太早，應該要讓兩國交戰，直到邢國滅亡為止，這麼一來，晉國就算贏了，也會消耗許多國力。而且，與其拯救瀕臨危機的邢國，不如等它滅亡後再幫助它復國，這樣也會增加齊國的威望。」

齊桓公聽後便沒有派援軍過去。

對於陷入破裂危機的組織或事業，就算從外界採取補救措施，也只是徒耗經費，不太容易成功。

倒不如先不要幫忙，讓其自然消滅，等到內部的問題明朗化，再從容出手給予援助。既有了援助重振的美名，也能藉機徹底進行改革。還能受到稱讚「再次恢復了消失的傳統」。

待邢亡而復存之，其名實美。——〈說林上〉第二十二

不要憑感覺來判斷

厲害的工匠用目測所量出的距離就跟用測量工具墨繩量得一樣準，雖然如此，工匠仍然會拿尺去量。

愈是厲害的工匠，愈必須用尺確認。

同樣的，就算對自己的記憶或感覺再怎麼有自信，也不該藉此來判斷事情。

做事一定要確實按照程序或規則。

巧匠目意中繩，然必先以規矩為度。——〈有度〉第六

適才適所

讓雞來報時，讓貓來捕鼠。

也就是說，要讓一個人擔任最適合他的職務，適才適所。

不過，就算能理解這個道理，要實行起來也不是那麼容易。

當事人不會覺得自己是雞或貓。用人者若能單純地以對方的能力——到底是雞還是貓——做判斷，不要流於情緒化，就能客觀做出判斷了。

使雞司夜，令狸執鼠。——〈揚權〉第八

修剪過於茂盛的枝葉

君主不能讓臣子的氣勢太盛，就像是太茂盛的枝葉必須修剪。這個道理除了可以運用來管理員工，也可以管理膨脹過度的組織。組織會隨著時間經過而增生膨脹，變得愈來愈大。制度也是，不知不覺中就會連附帶的部分也一併加進去，變得愈來愈複雜。此時應該要像除去茂密的枝葉一樣，化繁為簡。

為人君者，數披其木，毋使木枝扶疏。——〈揚權〉第八

不輕易施捨，不遲疑處罰

只因為別人貧困就施予援助，這種行為就像獎賞無功的人一樣。若不處罰犯罪者，無法無天的人就會增加。

就算有必要援助社會上的弱勢，仍舊需要講求嚴正性。相對的，如果因為遲疑而不執行死刑，那麼刑法就會動搖。

我們不該讓自己被輕率的憐憫心牽著鼻子走。

夫有施與貧困，則無功者得賞；不忍誅罰，則暴亂者不止。——〈姦劫弒臣〉第十四

理想不可規範化

懷抱理想是好事，但是，不可以把理想訂成規範。一般人的行為無法達到理想的境界。規範，應該是每個人最低限度應該遵守的事情。能夠實現理想的，只有少數人而已，好像是聖人才做得到。若規範訂得太崇高，結果只是造成許多人違反規定。

賢者然後能行之，不可以為法。——〈八說〉第四十七

要獲得，就會有犧牲

洗頭髮的時候一定會掉頭髮。

生病動手術的時候，也無可奈何，必須割開身體、流血。

同樣的，要做一件事，多少會有所犧牲。

如果只是害怕犧牲，什麼事都做不成。請將事成後的結果與所做的犧牲兩相比較，如果做了會帶來比較大的好處，那就應該果斷執行。

夫沐者有棄髮，除者傷血肉。——〈八說〉第四十七

事發之前必有預兆

所有有形的物體，大的都一定是從小的變來的；一直持續的事情，多的一定是從少的發展起來。

不論是發生不幸的事，還是出大事，事前都會有很小或很少的徵兆。要是不理會那些徵兆，就會導致悲慘的下場。

一旦發現危險的徵兆，就要趁問題還小、還少的時候，趕緊加以處理。要是讓問題變得非常大、非常多，那就沒得救了。

有形之類，大必起於小；行久之物，族必起於少。——〈喻老〉第二十二

沉默的人一樣要負責

做君主的人，當然要讓臣子對自己講的話負責，而那些什麼都沒說的人，也一樣要負責。

當發生事件，大家共同商量對策時，有些人會含糊其辭、不明確提出自己的意見，或是保持沉默，藉此讓自己不用負責任。我們不能允許有這種自保的情形。

主道者，使人臣必有言之責，又有不言之責。——〈南面〉第十八

趁還有餘裕的時候先後悔

齊、魏、韓三國攻進了秦國。秦國陷入了困境，此時秦王說：

「要是把國土一部分割讓給這三國，跟他們講和，他們應該就會退兵了。或許我以後會後悔，覺得自己竟然這麼輕易就把領土送人。但如果不講和，最後國家滅亡了，我也一定會後悔。既然無論如何都會後悔，不如在打敗仗前先後悔吧。」

於是秦就跟三國求和了。

當一項計畫停止，要是知道其實還留有一些餘地，可能會因此覺得很後悔。但是，趁還有餘裕的時候就停止，卻是正確的決定。

投資失敗而產生的後悔，是些微的後悔。但為了要把本金討回來，於是又加碼投資，最後面臨破產的命運，這時再怎麼深深後悔，也已經回天乏術了。

寧亡三城而悔，無危乃悔。——〈內儲說上〉第三十

法律之前人人平等

當一個人違法犯紀，不能因為他的地位高，就對他阿諛奉承、不照原本的罰則來執法。就像木材有的雖然彎曲，木匠也不會因此反把尺折彎來配合彎木。

執行規範與罰則不該有例外。若違反規定的人是自己的前輩，或是對自己有恩的人，有些人往往會因此放水，當作沒看到，但是這樣一來，就會導致一些人任意忘為。

在法律面前，所有人都是平等的。

法不阿貴，繩不撓曲。——〈有度〉第六

事前放手，事後審核

執行一件事，君主不該從頭到尾都一一下指導棋。君主應該要先任由臣子自己去做，暫時裝成什麼都沒看到、什麼都沒聽到、什麼都不知道的樣子。

不過，等到結果出來，君主就要對照臣子的言行與成果，加以嚴格審核。這麼一來，臣子便無法蒙混過關。

> 見而不見，聞而不聞，知而不知。知其言以往，勿變勿更，以參合閱焉。
>
> ——〈主道〉第五

用陰險的手段去對付陰險的行為

故意說些反話，將事情反過來做，以此試探自己所懷疑的人，觀察對方的反應，就能得知對方在打什麼主意。

為達目的不擇手段，這的確不是什麼光明正大的方式。

但是，對付洩漏情報或竊取商業機密的人，這個方法卻很有效，是不可或缺的。

陰險的行為，只能用陰險的手段去對付，這道理就跟以毒攻毒一樣。

倒言反事以嘗所疑則姦情得。——〈內儲說上〉七術第三十

使對手放鬆警戒，再攻其不備

鄭國君主鄭武公打算要消滅胡國，於是，他將女兒嫁給了胡國的君主。

鄭武公見到胡國滿心歡喜的樣子便問群臣：

「我想擴展疆土，要攻打哪國好呢？」

有名臣子回答應該要攻打胡國。

鄭武公聽後十分生氣地說：「胡可是兄弟之邦。」便處死了那名臣子。

胡國聽到了這件事，徹底放心，對鄭國的戒備鬆懈了下來。

這時鄭國軍隊便展開奇襲，終於滅掉了胡國。

這是個陰險歹毒的計謀，不過，要讓對手疏忽戒備，自己也需要有相當的犧牲。像鄭武公就犧牲了他的女兒。

故先以其女妻胡君以娛其意。——〈說難〉第十二

對雙方都有利，才能維繫良好關係

如果一件事對雙方都有好處，那麼，就算對象的距離再遙遠，也還是能成事。

相反的，如果對自己有害，那麼，就算雙方的關係是父子，也會因此而感情失和，對彼此懷恨在心。

利益關係會左右人際關係。自己得到好處的同時，對方也要確實能得到好處，這樣才能維持良好的人際關係。

以利之為心，則越人易和；以害之為心，則父子離且怨。——〈外儲說左上〉第三十二

利用媒體，宣導賞罰

為使人守法，當然就要確實執行賞罰，但是，只有這樣還不夠。還要讓當事者及整個社會都覺得，受賞是無上的光榮。也要讓當事人及整個社會都覺得，受罰是件非常羞恥的事，會羞愧得使人無顏面對社會。

在現代社會，可借用媒體來宣導，就是個有效的方法。

譽輔其賞，毀隨其罰。——〈五蠹〉第四十九

保留餘裕，以防變更

雕刻人的面孔，一開始鼻子要先刻得比較大，眼睛要先刻得比較小。一旦需要修正，就可以把大的鼻子削小、把小的眼睛刻大。

制訂任何計畫也一樣，都應該留有餘地，方便日後變更或修正，否則很可能會讓自己卡住而動彈不得。

刻削之道，鼻莫如大，目莫如小。——〈說林下〉第二十三

折衷是最失敗的方案

雙方意見對立時，為了兼顧雙方權益而提出折衷方案，平衡兩者的主張，這麼做等於是在埋下失敗的種子。

把冰和炭火裝到同一個容器中，冰會融化，火會熄滅，結果雙方的優點就互相抵銷了。

當雙方意見相互對立，應該先採納某一方的意見，並依其成果再判斷是否繼續執行。

夫冰炭不同器而久。——〈顯學〉第五十

處罰要從大頭下手

想要杜絕歪風，如果從個別人頭下手，需要龐大的人力，受罰的人也會相當多。

這種情況下，殺雞儆猴是個有效的方式，所以要盡量處罰最知名的人。「連有權有勢的人都被罰了，更何況我們？」

這麼一來，違規的人就會認真改過。

所以最有效的方式就是殺一儆百。

故曰重一姦之罪而止境內之邪。——〈六反〉四十六

書面資料並非實際狀況

晉國的一名重臣很煩惱：

「我明明就給了足夠的飼料費，為什麼馬匹還是那麼瘦？」

他的家僕聽了之後說：

「就算給了預算，如果照顧馬的人沒有餵食充足的飼料，馬也不會肥。如果不去了解實際情況，只是坐著擔心，馬永遠都不會肥的。」

就算編列預算，預算也未必會如實進行。

所以不可以只看數字來判斷，必須要看實際狀況。

主不審其情實，坐而患之，馬猶不肥也。——〈外儲說左下〉第三十三

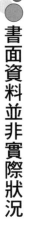

錄用的關鍵在於能力

英明的君主在提拔臣子的時候，凡是有能力的人，哪怕是親屬也會任用；只要是有能力的人，就算是仇敵也會挖角過來。

用人不需要避開跟自己有私交的人，也不需要因為對方是外界人士而有所躊躇。

重要的是對方是否有真材實能，能認清這點是很重要的一件事。

內舉不避親，外舉不避讎。——〈說疑〉第四十四

賞罰要分明

軍隊論功行賞，賞賜不能超過法律所規定的範圍。相反地，對於與人發生口角而動手傷人事件，也不可任意寬恕，必須依法處罰。

雖然展現氣度或寬容，在一時之間會很受輿論歡迎，但用長遠的眼光來看，這樣做反而會產生反效果，因為會讓組織的士氣變得低迷。

軍旅之功無踰賞，邑鬥之勇無赦罪。——〈八姦〉第九

要求高標，不如實事求是

君主不該要求臣子做那種只有聖人或賢者才做得到的工作，而是讓臣子做普通人認真做就辦得到的事，這樣最後就能成功。

主管不該要求員工都要有一流的水準，而應該讓員工實事求是，讓每個人只要認真做就做得到。這樣一來，人們自然而然就會好好努力了。

能去賢巧之所不能，守中拙之所萬不失。——〈用人〉第二十七

謀略不可外顯

魏國軍隊要攻打中山國，於是向趙國提出要求：

「希望貴國能准許我軍通過貴國境內。」

魏國和中山國打仗，不論哪方得勝，雙方兵馬皆會疲憊不堪，這對趙國來說是個好機會。

趙國臣子於是對君主說：

「借路給魏國吧。只不過，要是我們打的主意被他們發現了，他們就會取消這次遠征，為了不要讓他們察覺，您要裝做一副實在是不得已的樣子，只好勉強同意。」

對趙國來說，這麼做既對本國有利，又能賣人情給魏國，可謂一石二鳥。只是不免要裝模作樣一番。

君不如借之道，示以不得已也。——〈說林上〉第二十二

文章要簡單明瞭，規則要清楚明確

學校課本如果寫得太簡略，有很多地方就要靠學生自行想像；法律如果訂得模稜兩可，人們就容易引起訴訟。

文章最重要的，就是要寫得簡單明瞭，而且，必須寫得不會讓人誤解。規則如果有模稜兩可之處，馬上就會有人鑽漏洞，違反規定，所以必須訂得周全又明確。

書約而弟子辯，法省而民訟簡。——〈八說〉第四十七

居安要思危

安定的狀況，容易維持；問題還沒發生之前，計畫訂定起來比較容易。在還很和平、安穩、從容的時候，才更應該要制定未來的計畫。等到世局不安穩、發生問題的時候才來處理，就已經太晚了。先設想好遇到緊急狀況的應對方式，可把損害控制到最小。

其安易持也，其未兆易謀也。——〈喻老〉第二十一

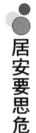

有錢好辦事

古語說：「長袖善舞，多錢善賈。」

簡單來說就是，有錢，事情就容易談成，做起事來也會比較輕鬆。

有人會認為交涉靠的是誠意。誠意固然有意義，但實際上，如果有錢，事情商量起來會更順利。就買東西來說，擁有許多金錢終究還是有利的。

長袖善舞，多錢善賈。——〈五蠹〉第四十九

確立律法，就不需要威權

巷伯是鄉長級的地方官，卿相則相當於朝廷重臣。

只要確立律法，那麼，即使位高權重的卿相，對巷伯的依法行事也無從置喙。

相反的，要是卿相的作為違反法律，即使小官巷伯也可以提出異議。

這就像現代法律之前人人平等的概念。

確立了律法，就不再可以仗著地位跟權勢硬來了。

故行之而法者，雖巷伯信乎卿相。——〈難一〉第三十六

賞罰訂定要實際可行

英明的君主在訂定賞罰規則時，在獎賞上，標準不可太高讓人做不到；在罰則上，則會訂得每個人只要有心就能避免。

如果賞賜標準太高，大家就提不起幹勁。如果不管怎麼做都無法符合規則，大家就會放棄，不再努力避免處罰，這麼一來，規則實際上就形同虛設了。

所以賞與罰都必須讓一般人覺得能做到才行。

明主立可為之賞，設可避之罰。——〈用人〉第二十七

不要讓人期待慈悲與恩惠

我們不該認為明君就是會施予慈悲與恩惠。偉大的君主不會讓臣子期待他的慈悲與恩惠。有過則罰，有功則賞。明君會確實訂定賞罰制度，並且嚴格實行。這麼一來，就不會讓人們覺得運氣好就能得到獎賞，靠關係就能免受處罰。

以過受罪，以功致賞而不念慈惠之賜。——〈六反〉第四十六

在惡劣的環境下，有能力也無法發揮

當周遭環境不適合一個人的時候，這個人就無法發揮他的能力。

有時候，傳聞是很優秀的人，轉職進來公司後卻沒有任何表現，此時就會有人在背後說他壞話：

「這人真是虛有其表。」

但是，有時候是周遭環境讓這個人無法施展他的能力，也有可能是有人出於忌妒，暗中阻礙。

主管的工作就是營造出一個讓人能夠發揮所長的工作環境。

故勢不便，非所以逞能也。——〈說林下〉第二十三

安內以攘外

明君會鞏固內部，所以不怕外患。

企業因為業務或投資失敗而蒙受巨大損失，究其原因，不少都是出自於內部，也就是公司組織方面的問題。

例如制度僵化以致於資訊不流通，某些人獨斷獨行等等。

如果內部問題處理得當，就算面臨外來的危機，也可以快速採取對策，將損失控制在最小範圍內。

明主堅內，故不外失。——〈安危〉第二十五

嚴刑峻罰的目的並不在於處罰

想要以禮節與良知來呼籲大眾遵守規範，結果可能根本沒人要遵守。這種時候唯有峻罰，而且還必須要徹底執行才能達到目的。

當然，很可能會出現反對處罰主義的聲音。但是，如果大家知道違規真的會被處以重罰，那麼所有人就都會遵守規範了。結果，將不會有任何人受到處罰。

處罰的目的並不在處罰本身，而是希望在不施行處罰的情況下，就能得到好結果。

且夫重刑者，非為罪人也。——〈六反〉第四十六

得到人才不難，難的是如何讓人才發揮力量

對君主來說，要得到臣子並不難，難在要如何運用這些臣子。只要開出高薪等優渥條件，聘請人才並不困難，真正難的是如何分配及善用這些人才。

這並不只是就組織內部而言，對外界的合作對象來說也一樣，如何善用外部合作對象，並不是一件簡單的事。

勞於索人，佚於使人。——〈難二〉第三十七

第 3 章

勢

無法改變的人類本性

每個人都是以自己的利益為先

人們就算在表面上強調要共存共榮，但實際上都是優先考慮自己的利益。

雇主想要盡可能用最低的薪水，讓員工做很多事；員工則想要盡可能輕鬆地賺薪水。雙方的利益正好相反。

當然，雇主另有社會責任與使命感，員工則必須具有忠誠心與為公司奉獻的精神，但是我們不該忘記，在根本上，每個人優先考慮的還是自己。

臣主之利與相異者也。——〈孤憤〉第十一

有人離去，就有人受益

君就是君主，也可以想成是老闆、主管、老師、父母、兄姐等等比自己地位高或年紀大的人。

就算有人在能力或人格上受到許多人尊敬與愛戴，也一定會有人在背地裡希望他死掉或離開，這絕不只是出於怨恨或忌妒。

簡單來說，這是因為這個人死了或離開會帶給別人好處，好處可能是財產、地位、升遷等等，形形色色。

只要一個人死去或離開，就一定會對某些人有利，這是不可改變的事實。

這個世界上有人偷偷希望自己死掉，請自然地接受這個事實吧。這在人類社會中是很正常的事。

利在君之死也。——〈備內〉第十七

改革必定會伴隨抵抗

不管是對於現況還是為了將來做準備，只要是改變維持已久的慣例，就一定會受到反對與抗拒。大至一國的政治，小至家庭裡的規定，這是因為每個人都不喜歡變化。

就算嘴上說要自由開放，但本質上還是保守的。只要能夠維持現狀，都會想要繼續保持不變，因為害怕改革將使自己失去既得的利益。

不要畏懼那些抗拒及反對的聲音。

進行改革，有人會抵抗與反對是很正常的。

凡人難變古者，憚易民之安也。——〈南面〉第十八

母愛並非無所不能

再也沒有什麼愛，比母親對孩子的愛更深。

然而，就算母親再怎麼付出她的愛，也未必一定能養出好孩子。

教育應該要交給老師，病患應該要託付給醫生，否則將會自食惡果，或是讓病情加重。

光靠母愛，沒有辦法拯救被處刑或是生病的孩子。

慈母雖愛，無益於振刑救死。——〈八說〉第四十七

居上位者多是普通人

堯、舜是古代優秀的明君，桀、紂則是罄竹難書的暴君。像堯舜這樣的君主很罕見，而像桀紂這樣的君主也很稀少。大部分都是介在堯舜、桀紂之間，也就是平凡的君主。正因如此，才要根據法律來進行統治。

以現代社會來說，這邊所說的君主，相當於是經營者或管理階級。這些人不太會是天才般的人物，但是，也不會是愚笨的人，大多都是正常的普通人，因此，應該要按照公司內部規範來處理事情。

中者，上不及堯、舜，而下亦不為桀、紂。——〈難勢〉第四十

依賴占卜是愚蠢至極的事

有時候，人們因為被逼到走投無路，而放手嘗試所有辦法，或是抱著好玩的心態去占卜。

但是，占卜可以說是有害無益、愚蠢至極的。相信龜卜、蓍占、神諭而出戰的國家，全都滅亡了。這就是不考慮實際狀況、不理會軍師的建議，一味相信占卜的結果。

依靠占卜是愚蠢至極的，這點要銘記在心。有不少人雖然嘴上說著「只是玩玩而已」，卻還是讓自己的行動被占卜所左右。

然而恃之，愚莫大焉。——〈飾邪〉第十九

每個人都有不想被人碰觸的地方

傳說中，馴養的龍，是一種很溫馴的生物。龍喉嚨的鱗是長反的，稱為逆鱗。但即使是馴養的龍，如果不小心碰到牠的逆鱗，就會被龍所殺。

就算是被公認度量很大的人，也一定會因為某些事情——逆鱗——而生氣，或許是身體上的事，或者是關於經歷，也可能是家庭方面。

與人相處，絕對不可以碰觸到對方的逆鱗，就算再親近的人也一樣。

人主亦有逆鱗。——〈說難〉第十二

追求安全與利益是很理所當然的

每個人都會追求安全又有利的東西，避開危險且有害的東西，這是非常自然的事情。

當然，有些人會因為使命感而勉強自己去面對危險又有害的事情，這樣的行為值得我們尊敬與稱讚。

但是，我們也不應該瞧不起那些避開危險與傷害的人。考量安全與利益是很理所當然的。我們一定要以此為前提來考慮事情。

夫安利者就之，危害者去之，此人之情也。——〈姦劫弒臣〉第十四

向權勢靠攏是人的天性

對於握有決定權或有財力的人，許多人會為了要從中得到好處或利用他們，而向他們靠攏，而且也會想討他們歡心。

對於那些出於敬愛或是為了巴結而向權勢靠攏的人，我們不應該加以責備或排擠。

要明白，會有這樣的傾向是一種非常自然的行為。請了解這一點再加以應對。

凡姦臣皆欲順人主之心以取親幸之勢者也。——〈姦劫弒臣〉第十四

不想離職，是因為還有好處

古代的天子有時也會爽快禪讓，但仍有縣令死守著位子，不肯輕易辭官。

簡單來說，這是因為當時的縣令比古代的天子還要有利可圖，因此才會抱著位子不放。

人們一旦得到了優渥的待遇，就不會主動放手。

輕辭古之天子，難去今之縣令者，薄厚之實異也。——〈五蠹〉第四十九

不要期待別人不求回報

世界上並非沒有不求回報的愛，但是，我們不該因此而有所期待。畢竟人們之所以會為他人工作，都是為了得到相對的報酬。如果只是依賴他人的愛或善意，而不付出代價，最後就會陷入困境。我們必須要先知道，每個人的所作所為都是為了自己的利益。要以這點為前提來訂定計畫。

恃人之以愛為我者危矣。——〈姦劫弒臣〉第十四

付出不一定有回報

認為愛就是一切，付出許多愛對方就會敞開心胸，這是很不切實際的想法。

就算是在雙親疼愛下長大的小孩，也有些人會在長大後變成令人束手無策的壞蛋。

愛不能解決所有的事，有時必須仰賴法律與警察。

反省自己沒有付出足夠的愛，只是在白費工夫。

皆見愛而未必治也。——〈五蠹〉第四十九

不要被外表的變化所欺騙

有一位名叫楊布的男子，他穿著白衣出門，在外面被雨淋溼了，於是買了黑衣換再回家。

家裡養的狗認不出他，一直對他吠叫，楊布於是作勢要打牠。

哥哥楊朱阻止他，對他說：

「要是白狗出門變成黑狗回來，你也會以為是不同的狗吧？」

這個小故事的名字叫做「楊布打狗」，比喻看到外在改變，就會以為內在也不一樣。

外表產生變化，本質未必就會改變。有不少時候，改變的都只是表面。所以我們不該被外表的變化所迷惑。

可是相對的，卻還是有很多人都會被外表的變化所欺騙。

其狗不知而吠之。——〈說林下〉第二十三

災禍的本源就在所愛之處

事先對敵人早已經做好萬全的準備，卻還是意外敗北，而且竟沒發現敗因就存在於內部。所謂的內部，就是君主所信任、喜愛的家人或近臣。

一旦內部藏有禍根，組織遲早會崩潰。

蒐集敵人的情報是必要的，但是，我們也必須蒐集同伴或自己內部的情報。

因為失敗的主因就藏在我們信任、喜愛之處。

備其所憎，禍在所愛。——〈備內〉第十七

年紀增長會使心態改變

男性到了五十歲仍不減好色之心，但女性到了三十歲，容貌開始衰老，夫婦的心會交錯不合一是很正常的。

五十歲跟三十歲只是個比喻，但這樣的描述確實符合男女的本質。不只男女之間如此。

到了一定年齡，有的人想要轉往另一個方向，有的人卻仍想維持不變。人們的想法常常會因為年紀的關係而變得完全不同。

丈夫年五十而好色未解也，婦人年三十而美色衰矣。——〈備內〉第十七

知識並不會使壞人變成好人

儒家用學問來混亂法治，俠客用武力來突破禁令。滿肚子壞水的人，有了法律知識就會用來做壞事，把法律解釋得對自己有利。凶狠的人則會用蠻力、暴力來恐嚇人，以稀鬆平常的態度去做違法的事情。

不論文武的知識，壞人都可以用在壞的方面。不可能藉由學習文武上的知識，就讓壞人變成好人。

儒以文亂法，俠以武犯禁。──〈五蠹〉第四十九

人們容易屈服於權勢

人們原本就很難抵抗「勢力」。

這個勢力是指權勢，但未必只有政治上的權力，而是更廣泛的意思，可以是世間主流的意見或者流行，也可以說是受歡迎的程度。

以現代社會而言，平時一些主張反抗體制與權威的人，卻會輕易地追著美食資訊或流行跑，就是一個很好的例子。

流行是一種權勢，而人們會去服從權勢。

民者固服於勢。——〈五蠹〉第四十九

對付驕縱之人必須採取強硬的手段

人民固然會因受到慈愛而驕縱，但遇到威勢則會聽從。

例如古代不良少年就算被雙親斥責、被鄰居提醒、被老師勸導，也依然故我。

但是，當士兵受朝廷之命，帶著武器進駐當地，開始搜索不良少年，此時不良少年就會立刻改正自己的行為了。

用愛與溫柔對待一個人，而這個人還是不反省，是因為這個人不把對方放在眼裡。

對付這種人，唯有訴諸強硬的手段。

民固驕於愛、聽於威矣。——〈五蠹〉第四十九

不是不做，是薪水太低

耕種是重度勞動的工作，古時有許多人從事，因為那是唯一能帶來收入的工作。

放到現代社會來看，耕種不只可以指農業，也可以用來指所有困難、伴隨危險的工作。這種工作，沒有人喜歡做。

但是，若能提供高薪或良好的待遇，就算是再困難的工作，也還是會有人來應徵。

簡單來說，只要是可以賺錢的工作與行業，就會有人投入。

夫耕之用力也勞，而民為之者，曰：可得以富也。——〈五蠹〉第四十九

逃避處罰、爬到高位是人的本性

任何人一旦發生失誤，都會想辦法逃避處罰；即使沒什麼功勞，也會想要爬到高位，這就是人的本性。

這點我們必須要確實了解。只會講漂亮話，是無法成事的。

而對付這種本性的方法，就是信賞必罰。

凡人臣者，有罪固不欲誅，無功者皆欲尊顯。——〈姦劫弒臣〉第十四

過於清廉正直，對大眾無益

商朝有一對兄弟名叫伯夷、叔齊。這兩人很有節操，捨棄了高位，到首陽山上隱居，最後餓死了。

這兩個人不怕刑罰，也不想要獎賞，可以說是清廉正直的代表人物。像伯夷、叔齊這樣的人雖然活得很清高，但是在組織、團體中，一旦碰到關鍵時刻，卻是派不上用場的。

只有會依照賞罰來採取行動的人，才能對組織、團體有益。

不可以罰禁也，不可以賞使也。此之謂無益之臣也。——〈姦劫弒臣〉第十四

徵稅的負面效果

有些人很拚命努力賺錢，若用課稅的方式掠奪這些人的錢，交給不思工作的人，最後大家都會變成懶惰鬼。

這種說法直接否定了近代的社會福利制度，事實上，應該也有不少人心有所感。

社會上的確有些人，明明可以工作卻不工作，只想著要接受國家的照顧。

今上徵斂於富人以布施於貧家，是奪力儉而與侈惰也。——〈顯學〉第五十

生活困苦並非犯罪的主因

竊盜犯案的動機，不一定是因為生活困苦。搶的錢愈多，因為貧困而犯案的可能性就愈低。

生活過得安穩，卻大膽進行犯罪行動，為的是讓自己得以維持奢侈的生活。

同樣是竊盜犯罪，有些人是出於生活貧困，有些人則並非如此，這一點我們必須要認清。

凡人之取重賞罰，固已足之之後也。——〈六反〉第四十六

每個人到了緊要關頭就會發揮潛力

對於那些實在非常想要得到的東西、絕對不想要失去的東西，一旦到了得失的緊要關頭，每個人都會盡自己最大的努力去獲取、保有。

任何人都隱藏著潛在的能力和力量。

被逼到絕境時，潛在的能力就會顯現出來。

情莫不出其死力以致其所欲。——〈制分〉第五十五

每個人都會為自己著想

製作棺材的工匠，心裡會希望人們早點死去。這絕對不是沒人性的邪惡想法，既然是做生意，就會希望生意興隆，這是很正常的。

不管在什麼樣的情況下，人們都會希望事情的發展對自己有利、自己能賺到錢。我們考慮所有事情，都必須以這點為前提。

匠人成棺則欲人之夭死也。——〈備內〉第十七

不要偏袒特定對象

如果君主過度偏袒特定臣子，君主自己遲早會陷入危險。

一旦重用特定的臣子，這些臣子就會圖謀君主的位子。

這種情況不只限於政治，在組織、團體、家庭中也是一樣。

不可以疼愛特定對象，若是疼愛特定對象，之後等著自己的，絕對不是對方的報恩。

而是背叛。

愛臣太親，必危其身；人臣太貴，必易主位。——〈愛臣〉第四

想要隨心所欲，卻又希望有秩序

人類原本就是很任性的，討厭受到束縛，希望可以想做什麼就做什麼。但是，有秩序跟沒秩序比起來，人類又比較希望有秩序。因為，如果大家都隨心所欲，社會就會陷入混亂狀態。

能夠統整這種矛盾的心理，並建立秩序，就是賞與罰。

夫民之性，喜其亂而不親其法。——〈心度〉第五十四

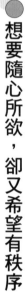

做事只為名與利

齊國有段時間盛行厚葬，以貴重的布料來做壽衣，用優質的木材來做棺材。

君主齊桓公對這種風氣感到憂心，雖然下禁令卻不起作用，於是他問臣子管仲有什麼計策。

管仲說：

「人們做事，為的都是名與利。」

齊桓公於是下令，若使用的布料與棺材太過高檔而超過規定，就要將埋葬的遺體挖出來，並處罰守喪之人。

特地花大錢舉辦隆重的葬禮，遺體卻被挖了出來，這實在是很不光彩，而且喪家還要受罰，可說是損失慘重。

從此以後，人們就不再厚葬了。

凡人之有為也，非名之則利之也。——〈內儲說上〉第三十

名利可聚集人才

在能賺錢的地方就會有人聚集，勇士會追求可以死得其所。在現代社會也是一樣。

賺得到錢、薪水高的行業或企業，就會有許多人受到吸引。受人注目的領域會聚集許多有才能的人。

人們之所以會受到吸引，主要還是為了追求名利。

利之所在民歸之，名之所彰士死之。——〈外儲說左上〉第三十二

每個人都有造反之心

沒有人是毫無野心的。從前，魯國的陽虎意圖謀反，但最後失敗了，只因為他的計畫太過草率。

臣子或多或少都會想要取代君主。之所以沒有付諸行動，是因為沒有好機會。而之所以付諸行動卻又失敗，是因為計畫過於草率。

因此，君主必須注意臣子的野心。

群臣皆有陽虎之心。——〈難四〉第三十九

一個人的知識與力量都是有限的

一個人力氣再大，也敵不過眾人。一個人再怎麼博學，也無法觸及所有領域。即便一個人的知識與力氣再多，但廣大的群眾一定會贏過個人。因此要注意，凡事不可以只靠自己一個人，應該要結合眾人的知識與力量。

力不敵眾，智不盡物。——〈八經〉第四十八

比起父母，孩子更聽官吏的命令

父母對孩子付出自己的愛，但孩子卻常常不聽父母的話。嚴格的官吏不愛人民，但人民卻服從官吏的命令。

原因為何？

就是因為父母會縱容小孩，但官吏卻會處罰不服從的人。

母積愛而令窮，吏用威嚴而民聽從。——〈六反〉第四十六

為了賺錢，可以不顧危險

鱔魚像蛇，蠶像毛毛蟲。

看到蛇會令人打寒顫，看到毛毛蟲會令人寒毛直豎。

但是，漁夫卻能用手抓鱔魚，養蠶者可以徒手抓蠶。如果能從中獲利，大家就都會忘記恐懼，變成傳說中力拔牛角的勇者孟賁。

只要可以賺錢，就能克服噁心與恐懼的感覺。

利之所在，則忘其所惡，皆為孟賁。——〈內儲說上〉第三十

挑選人才以忠誠為優先

韓國的宰相臥病在床，一個名叫公乘無正的人帶著許多黃金去拜訪他，請他推薦自己當下一任宰相。

後來，君主去探望宰相。

「誰比較適合接替你的位子呢？」

「公乘無正重視法律，對君主相當敬畏，但是人望卻不及公子食我。」

宰相死後，君主果然任命公乘無正為宰相。

君主是這麼想的：不想要有人比自己有人望，而公乘無正應該會對自己很忠心。而宰相已看出了君主的想法。

在挑人才的時候，人們嘴上都說要用能力來決定，但實際上選擇的，常常都是對自己忠心的人。

無正重法而畏上，雖然，不如公子食我之得民也。——〈說林上〉第二十二

要懂得自救

公子重耳逃亡在外，中途於曹國落腳。他向曹國君主行禮時，同席的臣子叔瞻與鳌負羈都看出重耳將來大有可為，便悄悄向君主諫言，應該要禮遇重耳。然而曹國君主不僅沒有採納，還羞辱了重耳。

事後，鳌負羈嘆道：

「好事不會到我頭上，禍害卻會牽連到我。」

照這樣下去，重耳將也會對所有人心懷恨意。於是鳌負羈偷偷送了禮物給重耳，讓重耳知道自己跟君主是不一樣的，給自己留有餘地。

之後，重耳果真回到晉國成了君主，並率軍攻打曹國，但他卻保證不會傷害鳌負羈。

為了要遠離危險，自救可以說是個不得已的方法。

有福不及。禍來連我。——〈十過〉第十

害怕鬼神等於放棄努力

生病的時候，人們會非常重視醫生，同樣的，遇到災難或一直走霉運的時候，也會變得很畏懼鬼神。

當然，生病的時候求助醫生是正確的。但是，在陷入困境時，如果認定原因是來自鬼魂、報應、詛咒，就會放棄努力，不想脫離困境了。

不要害怕鬼神，費盡心力消災解厄，只是白費力氣而已。

人處疾則貴醫，有禍則畏鬼。——〈解老〉第二十

鼓勵可以刺激工作成效

英明的君主之所以訂定官職或爵位俸祿，是為了藉此鼓勵有才能的人，激勵他們建立功績。

不管是哪一種工作，都有單調的部分，大家往往只會做完份內的工作，所以終究需要一些刺激。

如果有獎金或表揚的刺激和鼓勵，員工就會提起幹勁，積極工作。

明主之為官職爵祿也，所以進賢材勸有功也。——〈八姦〉第九

發現危險的徵兆就要立刻採取行動

有一個人的鄰居專幹壞勾當，他為了避禍，打算要搬家。

另一個人對他說：

「那個男的要是再做壞事，應該就會被抓走。你就再等一下吧。」

結果他回答：

「下次他再做壞事，搞不好就是傷害我。」

於是他迅速搬走了。

如果有可能發生危險，就不能有所猶豫，要立即採取行動才能避開危險。

物之幾者，非所靡也。——〈說林下〉第二十三

簡單、安全最重要

對人而言，沒有什麼東西比簡單、簡易更好，也沒有什麼東西比安全更重要。

世上所有的結構與制度都適用這點。

操作順序與使用方法，簡單是最好的。

安全有了保障，才能確保人們可以有幸福的生活。

利莫長於簡，福莫久於安。——〈大體〉第二十九

第 4 章

道

這是真心話，
不是場面話

對事物的看法會隨時變化

衛國君主很喜歡一名美少年男寵。

依衛國的法律，未經許可使用君主的馬車是要被處刑的，但這名男寵為了趕去看病危的母親，擅自用了君主的馬車。君主知道了這件事後，稱讚他說：

「他實在很孝順，為了母親甚至不怕被處刑。」

又有一次，這名男寵隨同君主一起到果園，他咬了一口桃子，覺得十分好吃，便把另一半分給君主吃。

君主高興地說：

「他竟然沒有全部吃光，還特地留給我吃。」

後來，這名男寵年老色衰，君主想起了馬車和桃子的事，就以無禮的罪名定了他的罪。

年輕人或新人做得太過火而導致失敗的時候，人們會把這當成是有幹勁的表現，或是覺得很討人喜愛，但是資深人員如果做出一樣的事，就會受人嘲笑，這是因為人們看待他的眼光已經轉變了。

工作上是如此，男女之間也是一樣的情況。

而以前之所以見賢，而後獲罪者，愛憎之變也。——〈說難〉第十二

主從關係建立在計算之上

君臣之間的主從關係，可以對應到主管與員工、教練與選手、老師與學生。主從關係也可以稱為師徒關係。

師徒關係常常會被人美化，但是，美好的師徒關係充其量只是一種結果。

為「師」者與為「徒」者，彼此各有盤算，可以說雙方都在利用彼此，而這樣是很正常的。

然後，當雙方都能得到滿足，就會形成美好的師徒關係。

君臣之交，計也。——〈飾邪〉第十九

成功為失敗之本

宋國有個農夫在耕田時，有隻兔子跑著跑著，突然猛烈撞上樹幹死了。農民不費半點力氣就得到了兔皮與兔肉，這讓他欣喜萬分，於是後來他就不好好耕作，整天只是專心盯著樹幹看，但是，他並沒有得到第二隻兔子。因此大家都嘲笑這個農夫。

「守株待兔」這個成語就是來自這個故事。這個故事是要告訴我們，想要再次複製過去成功的經驗是很愚蠢又危險的。有些事只是碰巧很順利的，然而人們卻常常以為同樣的事情還會再次發生。

就算跟以前一樣做事，也不一定能像以前一樣成功，甚至往往會以失敗告終，這是因為，外在的環境條件已經發生了變化。

所以我們必須要有所創新，才能跟上社會的變化。

皆守株之類也。——〈五蠹〉第四十九

大眾支持度，決定事情的發展

智者提出的意見，由愚人來做決斷；賢士的言行，由愚者來評斷。這兩句話，實在很符合現代的社會。

學者或文化界人士在電視中沒架子、平易近人的模樣，會吸引全國民眾喜愛，而一旦受到歡迎，其發言就會深具影響力。

如果一個人不受歡迎，那麼不管他講的話再有道理，也不會有人重視。

所以說，事情會如何發展，是由大眾的喜好與支持度來決定的。

智者決策於愚人，賢士程行於不肖。——〈孤憤〉第十二

不可一味固守傳統

對於標榜「忠於傳統」、「遵循古法」的事物，你是不是都不加批判地予以肯定呢？

但是世界一直在變，並非一味固守傳統就是好的。應該要配合外在環境的變化，做出相應的改變才對。

時代在改變，做法也要改變。做法在改變，時代也會改變。

在維護傳統的同時，該改變的地方也必須要改變。

故事因於世，而備適於事。——〈五蠹〉第四十九

嚴刑與檢舉能快速消除亂象

秦國曾經亂象百出，不法之事橫行。

皇親國戚就算違法，也不會受到處罰，於是他們看準這點，不斷謀求私利，百姓也跟著效法，恣意妄為。

這時，商鞅新任宰相，訂定新法，宣告要處罰犯法之人，並獎賞檢舉的人，而且確實執行。

就算是皇親國戚犯法，也會受到嚴厲的懲罰，毫無例外，而檢舉的人也確實能得到賞賜。

看到這種情況，秦國的人民開始害怕觸犯法律了。

後來，秦國變得富強，成為一個強國。

若要在短時間內肅正綱紀，嚴刑與檢舉都是很有效的方法。

於是犯之者其誅重而必，告之者其賞厚而信。——〈姦劫弒臣〉第十四

沿襲舊習是沒有意義的

有一個人要妻子替他縫製一條新褲子，他拿了一條舊褲子給妻子看。「要做成這個樣子。」

於是妻子就把新布特地弄到脫線、破破爛爛，做得跟舊褲子一模一樣。

雖然這是個笑話，不過實際上，我們常常因為「傳統」這個理由，而一直在遵循錯誤的舊習。

只維持傳統的形式是沒有意義的。

必須要弄清楚，真正該守護傳統的部分，究竟是什麼。

毀新令如故褲。——〈外儲說左上〉第三十二

組織與個人的利益是相反的

楚國有個男子，他的父親偷了羊，男子老實地去報官，結果官差以不孝的罪名，將男子定罪。

魯國有個男子逃離戰場，孔子問了他原因，男子回答：「我家裡有年老的父親，要是我死了，就沒有人可以奉養他了。」孔子認為他非常孝順，於是將他舉薦給朝廷。

在第一個例子裡，遵守法律的人被視為不孝。在第二個例子裡，孝順是背叛國家。

就像上述所舉的兩個例子，組織與構成組織的個人之間，利益是相反的。

所以要人們為組織謀利，是不太可能成功的。

我們首先必須要明白，組織與個人，兩者的利益是相反的。

上下之利若是其異也。——〈五蠹〉第四十九

具體的目標比模糊的夢想更重要

高喊「愛」與「夢想」口號，聽起來確實會令人感到悅耳，但是意義卻模糊不清。

那麼，要如何實現夢想呢？並沒有具體的方法與手段。人們需要的，並不是好聽的話，而是具體的措施。

領導者不能只在嘴上說說，還必須要設定具體的目標讓大家知道。

故微妙之言，非民務也。——〈五蠹〉第四十九

不要逢迎民意

有些人認為應該要重視民意，也就是順應大眾的期望。但是，如果只是一味反應民意，每天只要做民意調查或街頭調查就好了。結果政策會變得一下往東、一下往西，也就是會變成暴民政治。如果看準了未來的情勢，視情況，有時候不僅要違背民意，甚至不得不這麼做。

今不知治者必曰：「得民之心。」——〈顯學〉第五十

三人成虎

有一名臣子擔心自己被別人毀謗中傷，於是對魏王說：

「如果有一個人大喊市場裡有老虎，您會相信嗎？」

「怎麼可能會信。」

「如果有兩個人大喊呢？」

「不相信。」

「那如果有三個人大喊呢？」

「這樣的話，或許就會相信了。」

「大家都知道，市場裡有老虎這種話無疑只是個謠言。但是，如果有三個人這樣大喊，大家就會相信真的有老虎，因而陷入混亂。」

風聲、口耳相傳、一些現代常見的傳言，既會讓人感到不可思議，也會讓人感到恐懼。

只需要冷靜思考，就會發現毫無可能性，但如果在別的地方聽到別人也這樣說，漸漸就會開始相信了。

三人言而成虎。——〈內儲說上〉第三十

斬草要除根

除草時如果留下草的根部，不久就會雜草叢生。進行改革的時候也需要徹底執行，完全更新。如果因為溫情或懷舊，而留下舊的制度或習慣，反而會讓改革窒礙難行，不斷倒退。

不要留下根，不然會成為將來的禍患。改革時不能留情。

削跡無遺根，無與禍鄰。——〈初見秦〉第二

人們會服從新的掌權者

一個人除掉君主並取而代之時，原本對君主示忠的臣子，大部分都會見風轉舵，轉而服從新的君主。這是很正常的事。

竄位已經被正當化了。

不要期待從前的臣子會永遠效忠自己，也不要去怨恨那些離自己而去的人。

這就是人們會有的行為。

弒其主，代其所，人莫不與。——〈主道〉第五

沒有永遠的強大，也沒有永遠的軟弱

強國不會永遠都強，弱國也不會永遠都弱。

不只國家如此，而比國家小的組織、群體也一樣。

舉例來說，像是公認的競賽常勝隊伍，若其中一名選手離開，或許有可能會失常、與勝利無緣。

相反的，公認的弱隊在換了新教練後，或許從此就能躋身為常勝軍。

國無常強，無常弱。——〈有度〉第六

一味維持傳統是不會進步的

人們往往會覺得，保持傳統是好的。

想要做些改變時，一定會出現反對的意見，這是自古以來的慣例。

但是實際上，之所以會想要傳承傳統，常常不是因為傳統很好，只是因為不想要改變做法而已。因為若能一直持續同樣的做法，會很輕鬆、簡單。

不知治者，必曰：「無變古，毋易常。」——〈南面〉第十八

強弱決定關係

一個強國會有許多國家去朝貢，一個弱國則必須去向強國朝貢。這是雙方的強弱關係所致。

即使有很多人來問候、拜訪自己，也不要覺得自己很厲害。其實只是因為自己隸屬的組織比較強而已。

自己必須要前往問候、拜訪別人時，也不要覺得自卑。這只是因為自己隸屬的組織比較弱而已。

是故力多則人朝，力寡則朝於人。——〈顯學〉第五十

不必理會街談巷議

若小嬰兒身上長出膿包，只要把膿刺破、擠出來，馬上就會舒緩。但是，小嬰兒不知道這樣做馬上就能舒緩，會因為膿包被刺破很痛，而大聲哭叫。

群眾的聲音也類似這種情形。

輿論是展現當下的情緒，並不會考慮未來。所以我們不該真的採用街頭的意見。

民智之不可用，猶嬰兒之心也。——〈顯學〉第五十

不可能讓人人都滿意

在制訂、施行新的法律時，會伴隨有許多困難。

做一件事的時候，就算結果是成功的，也一定會有些弊害波及到某些人，導致有人犧牲。

但是，有困難擋在前面、有人受害，這些都是很正常的。

一件事本來就不可能讓全部的人都滿意。

無難之法，無害之功，天下無有也。——〈八說〉第四十七

嚴懲才有嚇阻作用

每個人都怕火而不敢接近，所以很少人會被燒死。但是，水讓人感到很舒服，所以很多人會被淹死。正因為刑罰像火一樣嚴酷，所以人們會遵守規範，因此不見得真的會用上刑罰。

然而，如果刑罰像水一樣和緩，就會有不少人不顧規範，最後犯了重罪，而被處以重刑。

夫火形嚴，故人鮮灼；水形懦，人多溺。——〈內儲說上〉第三十

嚴罰輕罪以預防重罪

相傳商朝的法律規定，將灰倒在路上的人要處死刑。

孔子的一名弟子問孔子：

「這個刑罰未免也太重了吧？」

孔子回答說：

「把灰倒在路上，會弄到別人身上，就會產生爭執。一旦發生爭執，就容易發展成鬥毆。人們都討厭重罰，而不將灰倒在路上則是非常容易做到的事。人們只要遵守容易做到的事，就能避開討厭的事。這正可謂是統治的訣竅。」

這是一種藉著嚴罰犯輕罪的人，來預防發生重罪的做法。

畢竟刑罰的目的就是為了要預防犯罪。

使人行之所易，而無離所惡，此治之道。——〈內儲說上〉第三十

平凡生活最重要

政治的目標，是要讓平民能過普通的生活。社會的規範，應該是平民可以在日常生活中遵守的。「治」、「道」並不是在闡述遠大的理想，就算真的強迫人民去達成遠大的理想，人民也不會照做。

平凡的日常生活，才是最重要的。

治也者，治常者也；道也者，道常者也。——〈忠孝〉第五十二

自由必須互相監視

若要防止犯罪，告發與連坐制（負連帶責任）是很有效的方法。告發與連坐制雖會讓人覺得像是古時候的陰險做法，但是，在現在這個資訊時代，才更能好好發揮作用。

我們常常會看到，當某項服務被少數人用來做壞事，接著全部的使用者都會被限制使用。為了不要發生這樣的事，就要自主性地發現並檢舉違法行為。這並不是為了要陷害別人。

互相監視、負連帶責任，是為了要確保自由。

姦不容細，私告任坐使然也。──〈制分〉第五十五

特色比強弱更重要

一國的存亡在於政治是否良好，而不在兵力的強弱。就算是一個小國，也能跟大國對抗。

就像有一些中小企業，雖然跟大企業一起競爭，但業績仍然能持續成長。像這樣的公司，往往擁有獨特的經營理念，因此能得到客戶的信賴。

有些小店開在大型店鋪的旁邊，客人卻絡繹不絕。這種小店販賣的往往是獨特的商品，顧客為了買這些商品，就會特地到小店而不去大店。

安危在是非，不在於強弱。——〈安危〉第二十五

飢餓與疾病會招致戰亂

飢餓會招致戰亂，疾病蔓延會招致戰亂，勞役會招致戰亂，紛爭會招致戰亂。

不只國家如此，組織、團體、家庭也一樣。

飢餓可以比做收入減少，疾病蔓延則可以比做會對健康造成危害的事情，勞役指長時間工作導致過勞，紛爭則是爭執。

公司中若出現這四點，就會導致營運惡化；出現在家庭中則會導致離婚等情況。

饑召兵，疾召兵，勞召兵，亂召兵。——〈說林上〉第二十二

遵守大自然的規律

從前，宋國有個人花了三年把象牙雕成一片樹葉，並因為這個功勞而受封官職。

有人聽了這件事後批評道：「如果造物主也花三年長一片樹葉，那麼世上的樹就都沒葉子了。」

大自然的規律，不是人所能改變的。

以耕種來說，遵從大自然的規律就能豐收。

反過來講，如果違反大自然的規律，遲早有一天會遭受反撲。

隨自然，則臧獲有餘。——〈喻老〉第二十二

世界上笨人比較多

政治人物、官僚或知識分子們往往在心裡想著：

「這個社會上，笨蛋比聰明的人還要多。」

卻沒有辦法說出來。

如果說出口，就會掀起一陣非議。

但是事實上，庸俗的人很多，聰明的人很少。也就是說，優秀的人很少，其餘的人占了大多數。

因此，能獲得大多數「眾人」的理解，是很重要的一件事。

眾人多而聖人寡。——〈解老〉第二十

不要用風評來判斷一個人

君主如果因為一個臣子的風評良好，便相信他的能力，君臣間早晚有一天會產生嫌隙。

有些人外表看起來很好，有些人是媒體寵兒，但是這些人在組織、團體中是否有能力又是另一回事。

因此，我們不該用風評或聲望來評斷一個人的能力。

今若以譽進能，則臣離上而下比周。——〈有度〉第六

上下一日百戰

傳說中的帝王黃帝曾經說過：

「上下一日百戰。」

君主與臣子、上司與下屬之間，雖然表面看不出有所爭鬥，但其實每天都在勾心鬥角。

在下位者一直在等待機會能趕走在上位者；在上位者則一直想要逮到機會，讓在下位者屈服。

黃帝有言曰：「上下一日百戰。」——〈揚權〉第八

政治是在治理一個社會，無關個人的幸福與否

強者不會欺負弱者，多數不會壓迫少數，老人能夠安享天年，孤兒也可以健全長大。

國境不受他國侵犯，君臣間擁有信賴關係，親子間互相幫助，人民不會隨便被追捕殺害。

這才是執政者最大的政績。

既不去追求遠大的理想，也無關乎個人的幸與不幸。

或許也可以說，政治可以做到的，最多就是這樣。

此亦功之至厚者也。——〈姦劫弒臣〉第十四

賞罰過度會有反效果

賞與罰必須以法律為根基，適當地執行。

獎賞給得太過大方，人們就會盼望好運降臨，不會想好好工作。

另一方面，要是罰得太過嚴厲，人們會因為不管怎樣一定會被處罰，於是就開始自暴自棄。

這樣一來，賞罰原有的效果就消失殆盡了。

故用賞過者失民，用刑過者民不畏。——〈飾邪〉第十九

不要將風評照單全收

君主若是信任受到眾人誇獎的臣子、遠離被大家說壞話的臣子，那麼，臣子間就會形成派系。

我們不能只單憑風評，來相信一個人。

特別是現代，不管一個人被媒體報導得多好，或是被媒體如何抨擊，都不代表當事人的能力，這點要銘記在心。

眾之所譽，從而說之；眾之所非，從而憎之。——〈說疑〉第四十四

社會是用頭銜來看人的

頭銜的權威很重要。

社會上的人是從頭銜來判斷一個人的能力。

就算某人是個優秀的人才，只要沒有頭銜與權限，外界的人就會輕視這個人，不會聽從這個人說的話，至於內部的人就更不用說了。

交付重大工作給一個人的時候，必須要給這個人權限與頭銜。

夫有材而無勢，雖賢不能制不肖。——〈功名〉第二十八

寬裕就會和平，窮困則會不和

古代的人不常起爭執，那是因為人少，相對地物資就很充裕。現在的人之所以常起爭執，並不是因為品行不好，而是因為僧多粥少。經濟上若有餘裕，我們就會替別人著想；如果窮困，就會互相爭奪。一個家庭也是，若是財務困窘，家人之間就會愈來愈冷漠。

今之爭奪，非鄙也，財寡也。——〈五蠹〉第四十九

不要蔑視汗馬之勞

在動亂的國家裡，那些會耍小手段的人，都會賄賂握有權者，藉此免除汗馬之勞。

所謂的汗馬之勞，就是策馬奔馳、馳騁沙場的意思，廣義來說，就是指額頭滴著汗，辛苦工作。

人們要是蔑視汗馬之勞，國家就會大亂。然而，國家混亂時，一些輕視汗馬之勞、想要輕鬆賺錢的人就會增多。

盡貨賂而用重人之謁，退汗馬之勞。——〈五蠹〉第四十九

為了理想而放棄追求利益是錯誤的

儒者都要求國君不要求利，要實行博愛的政治，但這是錯的。

正因為君主求利，才會做到適才適所、信賞必罰。於是國家才能得治，人們也能夠享有和平與繁榮。

若換做是現代企業，即使理想再遠大，若是無法獲取適度的利潤，便無法支付員工足夠的薪資。

今學者之說人主也，皆去求利之心，出相愛之道。——〈六反〉第四十六

在緊急狀態下，罰比賞更有效

一次，魯國在進行狩獵時，獵場起火，火勢一發不可收拾。國君魯哀公親自出馬指揮滅火，但是人們都拋開滅火的事不管，依舊到處追逐獵物。

哀公問孔子該如何是好？孔子說：

「追獵物很好玩，又不會受到懲罰；滅火很辛苦，卻又沒有賞賜。」

「那麼，到底該如何是好？」

「滅火是優先事項，不過，由於沒辦法給予所有人賞賜，所以您只要施罰便可。」

哀公於是下令，不滅火的人與追逐野獸的人，將會一併受到懲罰。

結果火勢立刻就被撲滅了。

可見，在緊急狀態下，罰比賞要來得更有效。

請徒行罰。——〈內儲說上〉第三十

死亡就是富有的極限

齊國君主齊桓公問宰相管仲：

「富裕有極限嗎？」

「水的極限就在沒有水的地方，富的極限就在人滿足的時候。但是人不會知足，所以終將自取滅亡。或許死亡之時就是富有的極限吧。」

有許多企業就是一味追求收益，不斷擴張，最後終於導致破產。

人不能自止於足，而亡其富之涯乎。——〈說林下〉第二十三

製造外敵假象，使內部團結合作

一隻豬的身上有三隻虱子，這三隻虱子在爭吵不休。另一隻虱子路過，問牠們為什麼要爭吵。

「我們要搶奪適合吸豬血的位子。」

路過的虱子說：「祭祀的日子馬上就要到了，到時候豬將會被宰殺，這樣一來你們就本利盡失了。所以現在根本不是爭吵的時候啊。」

於是四隻虱子就一起合力吸這隻豬的血。豬因而變得很瘦，不適合當祭品，所以祭祀時就沒有被殺掉。

若外部出現了敵人，內部就要團結起來，所以有許多國家會刻意製造外敵的假象。

為了要讓國內的不滿向外抒發，於是透過教育和宣傳，製造對特定國家的敵意，引發反對運動，就是一個典型的例子。

於是乃相與聚嘬其母而食之。——〈說林下〉第二十三

批評與反對是免不了的

古代的帝王大禹，為了要防治洪水，於是疏導分流到長江，並除去黃河底的泥沙。但由於人民對於要被派去做工一事感到非常不滿，於是拿了許多瓦石去砸大禹。

一開始，人民並不能理解大禹治水的方法。

但只要相信一件事對社會是有幫助的，就不要因為人民的反對而受挫不去執行。

昔禹決江濬河而民聚瓦石。——〈顯學〉第五十

成員的幸福至上

對一個人來說，身體健康是最好的；對一個家庭來說，富裕、有財產是最好的；對一個國家或地區來說，人口眾多、人力足夠就是最好的。

換做是現代，可以把國家或地區看做是企業。就算一個企業經營得再好，要是員工有所不滿，就不能稱為優良企業。

一個企業的員工，在經濟上與精神上都能獲得穩定且滿足，這個企業才是真正的優良企業。

身以積精為德，家以資財為德，鄉國天下皆以民為德。——〈解老〉第二十

有時候，一場戰役會決定未來

戰國時期，許多國家一下子結盟，一下子又叛離。在這樣每天持續不斷的戰亂中，齊國是其中最快崛起的一個國家，甚至看起來很有機會一統天下。

然而，齊國在跟較弱的燕國一戰竟然敗北，從此情勢大轉，齊國變得愈來愈衰弱。

這種情況不僅限於戰爭，在體育競賽中也一樣。某支隊伍自從輸掉某場比賽，就失去了一直以來的氣勢；如日中天的企業有時也會因為某項業務受挫，從此風光不再。

如果知道一場戰役是決定性的關鍵，請務必站穩腳步。

夫戰者，萬乘之存亡也。——〈初見秦〉第一

第 5 章

從

想要成功，
就要有這樣的智慧

如何探聽領導者的想法

齊威王的王后逝世了，當時妃嬪共有十人，大家都不知道齊威王打算讓哪一位繼任王后。

這時，宰相做了十對耳環獻給齊威王，其中有一副做得特別漂亮。

隔日，宰相偷偷觀察齊威王身旁的十名妃嬪，看看哪位戴的是特別美的那副耳環，然後就向齊威王提議選這名妃嬪來做王后。

當領導者有一些想法卻無法公開說出口時，可以參考這個方法，幫助我們清楚確認其想法，並主動向對方提出建議。

乃獻玉珥以知之。——〈外儲說右上〉第三十四

不要做出不專業的判斷

一天，韓國君主喝醉睡著了。專門掌管禮冠的典冠擔心君主著涼，就幫君主加了衣服。君主睡醒後，看到有人這樣替自己著想感到很高興，於是問說：「是誰幫我加衣服的？」

他知道是典冠所為以後，就雙雙處罰了典衣與典冠。因為專門掌管服裝的典衣怠忽職守，而典冠則越權了。

典衣受罰還能理解，那為什麼連典冠也要受罰呢？想必君主是因為想要讓人們知道，做好自己分內之事就好，不要多管閒事？或是想要強調上下關係？不，其實都不是。

在現今專業分工的時代，這個例子更適用，亦即不該以不專業的判斷來行事。這告訴我們，對於自己分外之事，應該要向原負責單位聯絡、確認。

以為侵官之害甚於寒。——〈二柄〉第七

不要讓別人知道自己的好惡

跟第一次見面的人說自己的嗜好，對方表示也有一樣的嗜好，於是兩人就聊得很起勁，生意似乎也談得很順利。

但是，對方也有可能只是故意附和自己而已。要真是這樣，那就表示你已經被對方牽著鼻子走了。

不要在一開始就輕易讓別人知道自己的好惡，應該要讓人捉摸不到自己的好惡，才能看清對方的態度。

君無見其所欲。——〈主道〉第五

不要輕率點破真相

宋國有一位富翁。

有一天一場大雨，讓富翁家四周的圍牆崩塌了。

富翁的兒子說：

「如果不修好圍牆，會有小偷進來喔！」

隔壁鄰居的一位老人也說了一樣的話。

當天晚上，富翁的宅邸就遭了小偷，值錢的東西全都被偷走了。

富翁稱讚兒子有先見之明，卻覺得老人很可疑。

明明說的是一樣的事情，一個被誇獎，一個卻被懷疑。

看清事情並不難，難的是在看清之後，要如何處理這件事。

這就好比，當自己知道組織內部有人在做不好的勾當時，要在什麼時候、跟誰說、怎麼說？要是輕率地點破真相，反而會有災禍降臨。

則非知之難也，處知則難也。——〈說難〉第十二

不要和老狐狸正面對抗

具備最新專業知識的新人，在提出劃時代的方案時，資深幹部常常會把新方案擋下來。

新旅和習故爭鬥是不會有勝算的。

新旅是剛晉見君主不久的新人，習故是長年待在君主身邊、握有實權的幹部，也可以稱之為老狐狸。習故的專業知識固然已經跟不上時代，但卻通曉組織的運作方式。

避免與習故正面交鋒，才是有智慧的新旅。

以新旅與習故爭，其數不勝也。——〈孤憤〉第十一

不放棄自我主張，最後終將得到認同

楚國有名男子叫做和氏，他在山裡發現了一塊璞玉，趕緊拿去獻給楚厲王。

工匠在鑑定之後認為這只是一顆普通的石頭，於是楚厲王將和氏視為騙子，斬斷了他的左腳。

楚武王即位後，和氏再次獻上這塊璞玉，而這塊璞玉又再一次地被鑑定為石頭，這次和氏被斬斷了右腳。

楚文王即位後，聽說和氏抱著璞玉一直哭，便派使者去問和氏：

「腳被斬斷的人有很多，為什麼就你這麼難過呢？」

「我不是因為腳被斬斷而難過，我難過的是，這明明是塊寶玉，卻被當成石頭，我明明是老實人，卻被當作騙子。」

楚文王命人將璞玉琢磨，發現那真是一塊美玉，於是便將之命名為「和氏璧」。

要讓世間認同是很困難的，有時還會遭到迫害。但是，和氏就是因為不放棄、一直堅持下去，最後才能獲得認同。

悲夫寶玉而題之以石，貞士而名之以誑。——〈和氏〉第十三

放寬過時限制，不再需要靠關係

一旦減輕稅賦，就沒有人會去跟有權有勢的人攀關係。這樣一來，各個地方的長官就失去了存在的價值。

社會上有許多早已跟不上時代的繁瑣規定，如果要符合這些規定，必須增加許多成本，因此人民會透過業界有權有勢的人，跟政治人物或政府官員打通關係，鑽法規漏洞。可是這樣一來，業界裡有權勢的那些人，行情就會水漲船高。

過時的規定應該要乾脆地放寬限制，這樣的話，就沒有人需要在暗地裡動手腳，也不需要跟有權勢的人攀關係了。

徭役少則民安，民安則下無重權。——〈備內〉第十七

禮儀是顯現內心的外在裝飾

禮儀是一種外在的裝飾，是讓別人明白自己內心的一種方式。

要將自己心中所想傳達出來，只用言語是不足以讓別人明白的，但是如果有萬全的禮儀，才能讓別人明白自己真正的意思。

要把禮儀想成是一種裝飾，不要想成是很古板的東西。

就像是思考要如何裝飾一件物品，其目的只是為了要傳達自己真正的意思。

禮者，外節之所以諭內也。——〈解老〉第二十

主動降低外界敵意

鄭國的重臣國羊聽到傳言說君主很討厭自己。

有一次宴席，他碰巧坐在君主旁邊，於是他就率先採取行動，對君主說：

「如果我做錯了什麼事，就請您斥責我，我會立即改過，這樣我才能避免被判死罪。」

君主就此改變了對國羊的看法。

國羊藉著這樣的方式，成功拉攏了君主。

願君幸而告之，臣請變更，則臣免死罪矣。——〈外儲說右上〉第三十四

簡單的事其實是最難的

齊王問畫工：

「什麼東西很難畫？」

「狗跟馬很難畫。」

「那什麼東西很好畫？」

「鬼和妖怪很好畫。這是因為每個人都看過狗和馬，所以畫起來才難，但是沒有一個人看過鬼跟妖怪，所以就很好畫。」

畫工的這席話也適用在很多方面。

乍看之下覺得很簡單、每個人都知道的事，要每天確實做到，其實是相當難的。

因為看起來很簡單，人們以為理所當然，這就是最困難的地方。

「畫孰最難者？」曰：「犬馬最難。」──〈外儲說左上〉第三十二

阻礙消失後，反而會直接面對威脅

嘴唇包覆著牙齒，要是沒了嘴唇，風就會直接吹到牙齒，讓牙齒感覺寒冷。

直到嘴唇沒了以後，牙齒才會查覺到嘴唇的功用，但是這時已經來不及了。

同樣的情況也可以套用在很多情況。

一直都很討厭的頂頭上司離開了，正想著終於自由了，結果做起事來卻反而變得很困難。原來那個討厭的頂頭上司，之前一直都在當自己的防波堤。

脣亡則齒寒。——〈存韓〉第二

說話不看對象會有危險

古代有一些人，會對領導者講些逆耳忠言，卻因此惹怒對方而被處刑。就算沒被處刑，也會惹得對方不高興，從此被疏遠，這樣的例子並不罕見。

不管要講的話再怎麼有道理，也必須要分清楚說話的對象。

世界上有一些人，用道理是說不通的。

這並不是叫人不准說，而是需要因應對象，適當改變說話的方式。

且至言忤於耳而倒於心。——〈難言〉第三

有能力的人都跑了，組織就沒希望了

一個即將滅亡的國家，朝廷裡是不會有人的。

朝廷裡沒有人，並不是說朝廷很冷清、很清靜，相反的，也可能充滿了臣子。

但是，就算有很多人，卻沒有一個人才。

有能力的人，早就放棄並離開了。

如果組織裡都是想著自保、考慮自己利益的人，那麼就算這種人再多，也仍然不能稱得上是有用的人才。

亡國之廷無人焉。——〈有度〉第六

做事是為了自己

客戶把工作交給了你，如果你覺得「我是在為別人做事」，就會心生不滿。

接著就會想到對方給的待遇很差，有時還可能會生客戶的氣。

所以我們要把工作想成是為了自己而做的、做了會對自己有好處，至少，可以掌握到某些技術與知識。

只要這麼一想，不管工作條件再差，都不會因此而感到不高興，事情也能做得很順利。

挾夫相為則責望，自為則事行。——〈外儲說左上〉第三十二

替人著想反而會害人

楚王率軍出征，卻打了敗仗。在這場戰役中，將軍司馬子反因為口渴而向人要水喝，但身旁的侍者卻拿了酒過來。

「現在戰事正激烈，哪能喝酒！」

「這不是酒。」

司馬子反生性好酒，喝了一口之後就停不下來，仗打完後，就這樣睡著了。

楚王還想再戰，可是進入司馬子反的軍營，卻聞到了酒味，於是他說：

「我所倚重的將軍喝得醉醺醺的，這樣根本就打不贏。」

便處死了司馬子反。

侍者單純是替司馬子反著想，結果卻反而害得長官就此完蛋。

可見，不適當的體貼反會招致嚴重的失敗。

行小忠則大忠之賊也。——〈十過〉第十

人才教育的問題

平時培育的人才，到了關鍵時刻卻派不上用場，這是為什麼呢？

在培育人才的時候，讓他們學的常常是現在或是不久的將來所需要的知識或技能。也就是說，是將他們限定在計畫中的某個狹隘領域裡的。至於計畫之外的事，他們就沒辦法處理了。

然而學習歷史或古文的人，往往能處理計畫之外的事。歷史與古文乍看之下好像很不切實際，但卻屬於全人教育。

教育不能只限於狹隘的專業領域，尤其是培育領導者，歷史與古文更是必須的。

所養者非所用，所用者非所養。——〈顯學〉第五十

製造競爭對手

越國與吳國長期處於敵對狀態。

越軍侵略吳國，吳國面臨存亡之秋。

這個時候，陷入絕境的吳國軍師送信給越國的軍師，信中寫著：

「獵捕了敏捷的兔子以後，將不再需要有能力的獵犬，獵犬就會被煮來吃。敵國滅亡後，就不再需要軍師了。」

呼籲停止攻擊吳國。

正是因為有敵人、競爭對手，所以才需要人才與之對抗。當敵人不存在，人才也就沒有用處，像這樣悲哀的情況還真不少。

如果想要當個一直都被需要的人才，就必須創造新的對手，也就是說，要跨入新的領域。

狡兔盡則良犬烹，敵國滅則謀臣亡。——〈內儲說下〉第三十一

內外兼顧，避免遭人懷疑

趙國使者前來會見韓國宰相申不害，對申不害提出這樣的要求：

「我們要攻打魏國，希望韓國能派援軍相助。」

申不害心想：

「要是馬上就稟報國君韓昭侯，國君或許會懷疑自己跟趙國的關係，但是若不稟報，又會遭到趙國怨恨。」

於是他就派兩名屬下去打探韓昭侯的想法，確定韓昭侯願意派援軍給趙國，他再向韓昭侯轉達趙國使者的話，最後派了援軍過去。

這麼一來，申不害既知道了韓昭侯的想法，也賣了人情給趙國。

當我們要介紹別人的時候，就要像申不害一樣，要謹慎小心。

有時候我們出於一片好意，主動幫人介紹，卻反而會無端遭人懷疑是不是有什麼企圖。

內則知昭侯之意，外則有得趙之功。——〈內儲說上〉第三十

多向人請教

宋國有家酒館，賣的酒品質很好，不會偷偷減量，服務也很周到，店門口的旗子雖然很顯眼，但是生意卻非常不好。

於是，老闆去問鄉長。

鄉長說：

「那是因為你們家的狗很兇。」

「狗很兇跟賣不好有什麼關係呢？」

「去幫大人買酒的小孩會怕，所以就避開了你們的店。」

社會上有許多這樣的例子。

有時候老闆自己沒有發覺到，但其實客人都跑光了，原因是因為某個店員的態度很差。有時候店員很多嘴，也可能會讓客人退避三舍。

人畏焉。——〈外儲說右上〉第三十四

不要漏看失敗的徵兆

殷紂王第一次用象牙來做筷子的時候，有德的箕子就因此而感到憂心。「用象牙來做筷子，那麼碗盤就也會弄得很豪華。碗盤豪華起來，接著料理也要做得很奢侈，如此便毫無止境。」

果然，紂王極盡奢侈與暴虐，最後導致了殷商滅亡。

就像這樣，在失敗之前一定會有徵兆。我們必須要看清楚，到底哪些是一時的愚蠢言行，哪些問題會持續發展下去。

紂為象箸而箕子怖。——〈說林上〉第二十二

發揮力量需要時機

就算有十位像堯這樣聖明的君王，也沒辦法在冬天種出一根稻穗。因為稻穗根本不是冬季的作物。

一件事情也有其時機、時節。如果跟不上時代，再怎樣優秀的人才，也無法發揮能力。

之所以不能發揮力量，不是因為沒有能力，而是因為時機未到。

非天時雖十堯不能冬生一穗。——〈功名〉第二十八

只有身邊的人才值得依靠

海裡的水無限多，但是，當發生火災，如果要用遠處的海水來滅火，那是來不及的。

遠水救不了近火。

距離較近者，才能在關鍵時刻成為助力。

就居住上來說，這指的就是周遭鄰居；以職場來說，就是坐在附近的同事。

就算擁有廣大的人脈，若是得不到「身邊的人」信賴，在重要時刻將沒有人能幫助自己。

遠水不救近火也。——〈說林上〉第二十二

誠實為上

孟孫獵到小鹿後命令臣子秦西巴帶回去。

但是，母鹿一路上一直跟著，不斷啼叫，秦西巴覺得很可憐，就放了小鹿。

回去之後，孟孫知道秦西巴放了小鹿十分生氣，於是把他趕走。

三個月後，孟孫把秦西巴叫了回來，任命他來照顧自己的孩子。

有人問孟孫為什麼這麼做？孟孫回答：

「那個人對小鹿懷有仁慈之心，更何況是我的孩子。想必他也會很疼愛我的孩子，不會隨便對待的。」

有句話說：巧詐不如拙誠。秦西巴的誠實就這樣打動了孟孫。

巧詐不如拙誠。——〈說林上〉第二十二

常換工作無法累積專業

一個工匠如果經常換工作，技術永遠都不會進步。技術性的工作與專業度很高的工作，自然是如此，其他職業也一樣。如果只因為薪水比較高就換工作，完全不管工作內容是什麼，這麼一來，以長遠的眼光來看，這種換工作對當事人是沒有幫助的。所以我們應該要以工作專業為重。

工人數變業則失其功。——〈解老〉第二十

優點反而帶來災難

有個人獻給晉王大狐與黑豹的皮。

晉王大喜卻也嘆息道：

「狐與豹因為毛色很美，所以才會被殺掉。」

人生中有許多時候，就跟這裡所說的狐與豹一樣。

因為擁有美貌、才能，反而就此墮落，毀掉了自己的一生。

此以皮之美自為罪。——〈喻老〉第二十一

壞話要這樣說

魯王向臣子子思詢問一名臣子的操守如何。

「我都只稱讚人的優點，藉以教化人民，不會去說別人不好的地方。」

子思回答完後就退下了。魯王又問了子服厲伯這名臣子相同的問題。

「那個人有三件惡行。」

接著，子服厲伯向魯王詳細地稟報。從此以後，魯王就很看重子思，輕視子服厲伯，但是魯國也開始飽受外患之苦，這是因為，魯王已經得不到確切的情報了。

說別人壞話本不是件值得稱讚的事，可是，如果君主無從得知正確的情報，就有可能做出錯誤的判斷，讓國家陷入危險之中。只要傳達的資訊是正確的，就算是要說別人壞話也無妨。

以姦聞之者，以惡姦同於上者也。——〈難三〉第三十八

養老鼠，咬布袋

齊桓公詢問臣子管仲：

「治理國家最怕的是什麼？」

「最怕的是啃咬國家根基的老鼠。」

管仲所說的老鼠，是那些貪汙而腦滿腸肥的官吏，以及與貪官勾結的商人。

老鼠很會鑽來鑽去，很難抓到，消滅老鼠是很困難的事，正因如此，放任老鼠不管，會導致最後連根基都被咬光。

最患社鼠矣。——〈外儲說右上〉第三十四

發揮所長就是貢獻自己

主管要能欣賞員工的長處，並創造一個能讓員工發揮所長的環境。同時，員工如果得到一個能盡情發揮自己能力的環境，就要勤奮工作，盡忠於公司。

這才是理想的上下關係。

但所謂的盡忠並不是要自我犧牲，而是要發揮所長。

人臣守所長，盡所能，故忠。——〈功名〉第二十八

好賣的商品不需要高級技術

伯樂以善於識馬聞名，而千里馬則是一天能跑千里遠的好馬。

伯樂會教自己討厭的人去分辨一匹馬是否為千里馬；教自己喜歡的人分辨一匹馬是否為劣馬。

這是因為千里馬很少見，就算知道如何分辨，也沒辦法用來做生意。相反的，每天都有人在買賣劣馬，能夠分辨劣馬，就足以應用於做生意。

有時候，雖然擁有高級、高度的技術，卻無法應用於做生意。有中等的技術，以大多數人為客群，就能夠獲利。雖然不是什麼高級技術，但應用的範圍卻很大。

下言而上用者惑也。——〈說林下〉第二十三

獨自清醒是很危險的

殷商的暴君紂王在宴席上喝醉而忘了日期。他問左右的人，大家也都不知道。於是他派人去問箕子。

箕子說：

「天下之主忘了日期，所有近臣也都不知道，可見殷商不長久了。大家都不知道，只有我一個人知道，這樣是很危險的。」

然後他回答紂王派來的人說：

「我喝醉酒，不小心忘了。」

雖然這個故事的背景是古代，跟現在不一樣，沒有日曆，不過還是可以清楚看出紂王與其臣子耽於享樂的程度。

若只有自己一個人知道就因此而得意，將會為自己帶來危險，因為不知道別人會怎麼懷疑自己。

一國皆不知而我獨知之，吾其危矣。——〈說林上〉第二十二

美德的缺陷

荊王向魏國使者誇耀：

「我的臣子會說別人的優點，卻不會說別人一句壞話。」

魏國使者諷刺道：

「那麼，就算我圖謀不軌，也不會被判死罪吧！」

確實，誇獎別人的優點、不說別人的缺點，或許人人都喜愛，但是，如果絕口不提別人的缺點，也就不能指正一些壞事了。

魏國使者是在指出，要是把這種行為當做是美德，萬一以後有人要謀反，也不會有人檢舉。

君子不蔽人之美，不言人之惡。——〈內儲說上〉第三十

失敗是成功之母

研究員的重大發現或發明，常常是來自實驗中的失敗。原本認為是失敗的一件事，卻成為發現、發明的開端。

災禍會招來福氣，而且跟成功有密不可分的關係。

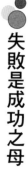

不過，這並不表示要追求失敗。研究員就是因為認真地反覆進行實驗，才能從失敗中得到新發現。

故曰：「禍兮福之所倚。」以成其功也。——〈解老〉第二十

後記

春秋末期到戰國，是個群雄割據、弱肉強食的時代。如果把中國比喻為一個世界，那麼，當時可說是一個全球化競爭的時代。

在多國的激烈競爭中，誕生了許多思想家，他們提出了各種不同的學說，希望自己的學說能被各國所採用，因此也彼此競爭。為了得到國家的支持，爭取出頭機會。

這就是所謂的諸子百家。

諸子，是指許多的學者；百家，是指為數眾多的學派。

這裡將諸子百家分類如下，不過這只是粗略的分類。其中韓非就是法家的集大成者。

法家主張法律至上，認為嚴格實施法治主義就是最好的治國方法。與儒家以道德、私人情感為主的德治主義是完全相反的立場。

儒家——孔子、孟子、荀子

法家——商鞅、申不害、韓非
墨家——墨子
道家——老子、莊子
兵家——孫子、吳起
縱橫家——蘇秦、張儀
陰陽家——鄒衍
名家——公孫龍
農家——許行

關於韓非個人生平的可信記載是《史記》的〈韓非老子列傳〉，但並沒有很詳盡。

根據《史記》所載，韓非生於戰國末期，是韓國的宗室貴族，但只是旁支，地位並不是很高，出生年不詳。

當時，被稱為「戰國七雄」的七個國家，彼此互相對抗，爭奪霸權，而秦國勢力漸漸強大，其他六國戰戰兢兢地害怕會被併吞。七雄之一的韓國也深刻感受到了秦國的威脅性。

韓非年輕的時候，曾拜師於荀子，後來擔任秦國宰相的李斯，就是他此時的同窗。

韓非天生口吃，不擅於說話，但是文章寫得極好，完全彌補了口吃的缺點，甚至還有過之而無不及。李斯身為他的同學，深深覺得自己的才能比不上他。

韓非眼見韓國受到秦國的壓迫日漸嚴重，於是便想勸諫韓王進行國政改革，但卻因為口吃，無法用口才說服韓王，於是他多次上書韓王，但都沒被採納。

韓非將自己不受賞識的鬱悶心情，全都投注在著作上，完成了十多萬字的著作，也就是一共五十五篇的《韓非子》。

其中，〈孤憤〉（第十一）與〈五蠹〉（第四十九）兩篇，偶然到了秦王嬴政手裡。秦王看完後感嘆：

「要是能見到這個作者，我死而無憾。」

宰相李斯說：

「這個作者是我以前的同學，您若那麼想見他，不如攻打韓國，韓國一定會派他當使者前來求和。」

於是秦國攻打韓國，韓國果真派了韓非為使者來到秦國。

秦王終於見到了韓非。秦王非常欣喜，但仍然沒有採納韓非的意見。或許是因為韓非口吃的關係，所以秦王對他印象並不深刻。

另一方面，李斯擔心一旦秦王起用韓非，自己的地位就會不保，於是對秦王說：

「他是韓國的宗室貴族，說的話看起來像是在幫秦國，但其實根本是在幫韓國，不過，如果就這樣讓他回韓國，會洩漏秦國的機密，不如現在就將他處理掉吧。」

秦王覺得很有道理，就將韓非打入了牢裡。

之後，李斯派人送毒藥給韓非，韓非想要親自跟秦王解釋，卻無法見到秦王，最後只能服毒而死。

後來，秦王後悔了，下令將韓非從監獄裡放出來，但這時人已經死了。這是西元前二三三年的事。

韓非死後，韓國便被秦國所滅。

其他諸國也接二連三地被秦國滅掉。

在韓非死後十二年，西元前二二一年，秦國終於統一天下，秦王嬴政成了秦始皇。

韓非雖死於非命，但是很諷刺的，秦王在他死後卻採用了他的學說，對秦國一統天下貢獻極大。若說秦國統一天下的幕後功臣包括了韓非，這絕非是誇大其辭。

國家圖書館出版品預行編目（CIP）資料

超譯韓非子：幫你是為了黑你／永井義男作；
邱心柔譯. -- 初版. -- 新北市：世潮, 2016.06
面；　公分. --（暢銷精選；62）

ISBN 978-986-259-041-6（平裝）

1.韓非子　2.研究考訂

121.677　　105005971

暢銷精選 62

超譯韓非子——幫你是為了黑你

作　　者／永井義男
翻　　譯／邱心柔
主　　編／陳文君
責任編輯／楊鈺儀
封面設計／劉凱亭
出 版 者／世潮出版有限公司
地　　址／（231）新北市新店區民生路 19 號 5 樓
電　　話／（02）2218-3277
傳　　真／（02）2218-3239（訂書專線）
　　　　　（02）2218-7539
劃撥帳號／17528093
戶　　名／世潮出版有限公司　單次郵購總金額未滿 500 元（含），請加 50 元掛號費
世茂網站／www.coolbooks.com.tw
排版製版／辰皓國際出版製作有限公司
印　　刷／世和印製企業有限公司
初版一刷／2016 年 6 月

I S B N ／978-986-259-041-6
定　　價／300 元

Original Japanese title: HIJOU NO SUSUME CHOUYAKU KANPISHI

Original Japanese edition published by Tatsumi Publishing Co., Ltd.
Traditional Chinese translation rights arranged with Tatsumi Publishing Co., Ltd.
through The English Agency (Japan) Ltd. and AMANN CO., LTD.